市民の考古学—5

倭国大乱と
日本海

甘粕 健 編

同成社

はじめに

　新潟市歴史博物館では毎年3月、新潟市民を対象に館長がコーディネイトした4回シリーズの連続講演会を開催しています。本書は2007年3月に行われた第3回目の館長講座『日本海域における弥生の戦乱と古墳の出現』の記録です。本書の1章〜4章に対応する4回の講演の演題は以下のとおりです。
　第1回　3月4日「山陰中部（出雲・因幡）―四隅突出型墳丘墓と出雲世界―」（渡辺貞幸・島根大学教授）
　第2回　3月11日「近畿北部（丹波・若狭）―弥生・古墳時代前期の丹後地方―」（石部正志・五条文化博物館館長＝当時）
　第3回　3月18日「北陸（越前〜越中）」（橋本澄夫・金沢学院大学名誉教授）
　第4回　3月25日「越後・東北南西部（越後・会津）」（甘粕健・新潟市歴史博物館館長）
　新潟県では1997〜1998年に県内外で高まった大きな保存運動にもかかわらず、上越自動車道の建設により破壊された典型的な弥生高地性集落上越市裏山遺跡の全面発掘以来、妙高市斐太遺跡、新潟市古津八幡山遺跡（ともに国指定史跡）の調査・整備が進み、これらの西日本的な防衛集落の出現が「倭国大乱」と伝えられた全国的な争乱の波及による可能性が高いと考えられるようになりました。このことは新潟県の研究者・市民の関心を集めることとなり、1998年2月29日に上越市で開催された裏山遺跡を守る会主催の全国シンポジウム「弥生の砦・裏山遺跡と倭国

大乱」をはじめ、2005年7月新潟県考古学会主催「新潟県における高地性集落の解体と古墳の出現」、2006年鳥取県埋蔵文化財センターの研究者を招いて行われた新潟大学旭町学術資料展示館・新潟市歴史博物館共催の「戦が西からやって来た?!―倭国乱の検証」などのシンポジウムが重ねられてきました。

　越後の弥生時代の変動は能登を中心とする北陸の勢力の動向と連動したものと考えられます。さらに北陸の動向には日本海域にあって「大乱」の帰趨に影響したと思われる山陰の出雲、近畿北部の丹後の興亡がかかわっていることも予想されます。出雲の王権のシンボルである四隅突出型墳丘墓の北陸への波及はその顕著な事例です。四隅突出型墳丘墓は北陸では越前から越中まで広がりますが、古墳時代前夜には消滅し、新たに東海起源の前方後方型墳墓が普及するようになります。前方後方型の墳墓を伴う北陸系の集団が越後平野を中心基地として会津盆地に進出し、その後を追うように前方後円墳が現れ、前方後方墳と共存し、やがてはこれを排除し初期ヤマト政権による会津盆地の直轄的支配が実現されたと思われます。

　本書は倭国大乱の時代から初期ヤマト政権の段階に至る越後の古代史の展開に強い影響を与えたと考えられる日本海域の諸地域、出雲、丹後、北陸（古志）の3地域の考古学・古代史研究を長年にわたってリードするとともに、その成果を多くの市民に還元する努力を重ねてこられた3人の古くからの友人に出向をお願いしました。3先生にはご多忙のなか快く引き受けて遠路出講いただき感謝にたえません。

　本書の章立ては、個別の講演をそのまま集めた論文集のような形をとっていますが、それぞれの特徴的な地域史を比較するとともに当時の日本海域の情勢を通観するうえで十分役立てていただけると思います。また、考古学的資料から導かれる歴史像に関して大胆な仮説が随所に展開

されているのも特徴的です。その結果、論者の間で異なる結論が提示される場面もありますが、研究の現段階では早急に統一するのではなく、それぞれの論拠を整備して議論を深めるべきだと考えます。

　講演の録音とテープ起こしは熱心な受講者の渡辺知夫さんによるものです。また煩雑な編集作業を引き受けていただいた同成者社長山脇洋亮氏と編集部のみなさんに感謝します。

2008年9月

甘粕　健

目　次

はじめに……………………………………………………（甘粕　健）　1

第1章　四隅突出型墳丘墓と出雲世界……………（渡辺貞幸）　9

　四隅突出型墳丘墓とは　9
　四隅突出型という形態の意味　13
　突出部の象徴化　16
　大型墳丘墓の出現　21
　各地に出現した王墓　24
　西谷3号墓の発掘　27
　四隅突出型墳丘墓の拡散と北陸　34
　四隅突出型の終焉と出雲の没落　39

第2章　弥生・古墳時代前期の丹後地方…………（石部正志）　43

　丹後と弥生文化　43
　丹後の弥生墳丘墓　45
　弥生から古墳へ　50
　畿内政権への従属　59
　古墳時代の若狭　66

第3章　弥生・古墳時代前期の越前・越中………（橋本澄夫）　77

　弥生以前の北陸と稲作の開始　77
　櫛描文土器の盛行と拠点的集落の出現　80

方形周溝墓と四隅突出型墳丘墓　85
　　高地性集落の出現　89
　　古墳の出現　95

第4章　越後・会津の情勢……………………………（甘粕　健）105
　　越後の高地性集落　105
　　北陸・越後の戦乱とその背景　113
　　出雲・丹波・越　114
　　戦乱はあったか—頸城平野の場合—　117
　　越後平野の北陸系と東北系　121
　　古墳出現前夜の変動　124
　　古墳の出現と越後・会津への伝播　125
　　会津進出の丘站基地新潟平野　131
　　北海道系文化との交流　138

倭国大乱と日本海

第1章　四隅突出型墳丘墓と出雲世界

四隅突出型墳丘墓とは

　出雲は現在の島根県の東部地域を指す旧国名です。西に石見、北は海を隔てて隠岐があり、島根県はこれら3国で構成されています。東が伯耆、さらにその東が因幡ですが、この2国は現在は鳥取県です。南には広島県に含まれる備後が接しています。

　これら出雲を中心とした地域の弥生時代後期～終末期を語るときにキーワードとなるのが、この地域で大流行した四隅突出型墳丘墓、四隅が突出した形の墳丘墓です。なお、弥生時代にはあたかも古墳のように大きなマウンドをもつ墓が造られますが、古墳時代の墳墓すなわち古墳と区別するために、これを「弥生墳丘墓」もしくは略して「墳丘墓」と呼んでいます。

　四隅突出型墳丘墓は中国地方北半から北陸にかけての地域で、現在までに100基ぐらいが確認されています。図1に、その代表的なものを掲げておきました。だいたい上のほうが古く、下のほうが新しいように並べてあります。古い時代のものはコーナーの出っ張りはあまり目立ちませんが、新しくなると、墳丘の四隅は大きく張り出すようになります。

　四隅突出型墳丘墓は何でこんな妙な格好をしているのかと、誰でも疑問に思うでしょう。この墳丘墓の原理がよくわからなかった頃から、図2にいくつかあげたようないろいろなイメージ図が作られました。この図のうち上段の真ん中と下段の左側が私が描いた想像図ですが、これと

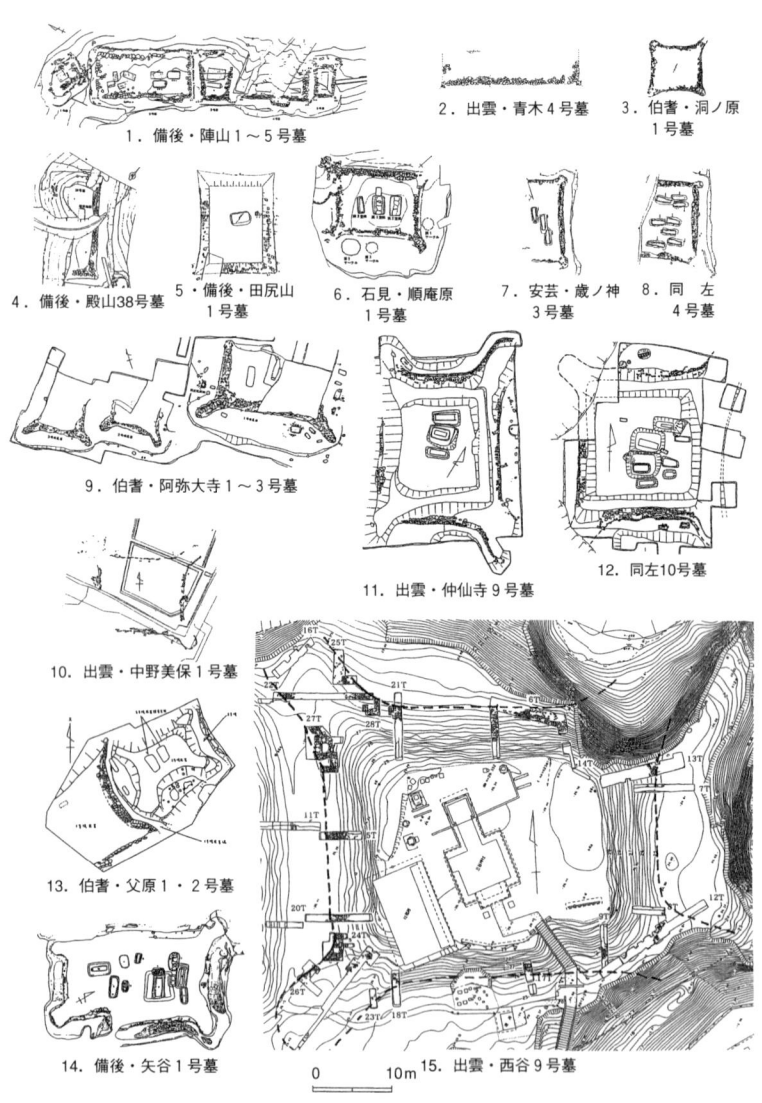

図1　中国地方の主な四隅突出型墳丘墓

第1章　四隅突出型墳丘墓と出雲世界　11

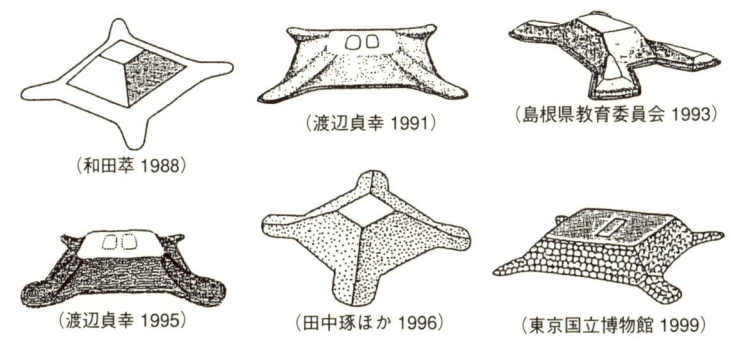

図2　四隅突出型墳丘墓のイメージ

　他の人が作った想像図とはどこが違うのかと言いますと、四角い墳丘の四方が稜角になっていないことです。四角い台状のマウンドを造れば、四方向に尖った稜線ができます。その稜のあるはずのところが稜になっていない、ここがミソなのです。

　稜線のところはいわば面取りしてあって、そこに斜面ができている。これが四隅突出型墳丘墓の本来の姿であると私は考えているわけですが、この事実を発見したことが、私がこの墳丘墓の原理を考えるきっかけになりました。

　1983年から10年かけて、出雲市の西谷3号墓という四隅突出型墳丘墓の発掘を行いました（図3）。西谷3号墓では墳丘斜面を貼石で覆うほか、墳丘の裾周りに入念な配石構造がめぐらされていました。まず、斜面の貼石の裾に沿って石を平らに敷き並べ、その外側に石を立て並べるのですが、これが二重に施工してありました。使われた石は大きいもので50㎝くらい、平均でも30㎝くらいあります。早い話、墳丘の周りに2列の低い石の垣根のようなものがめぐり、それぞれその内側には、平らに石が敷かれた部分がまるで犬走りのようにめぐります。図3の右上にわかりやすい図を示しておきましたが、おびただしい数の石を用いて、

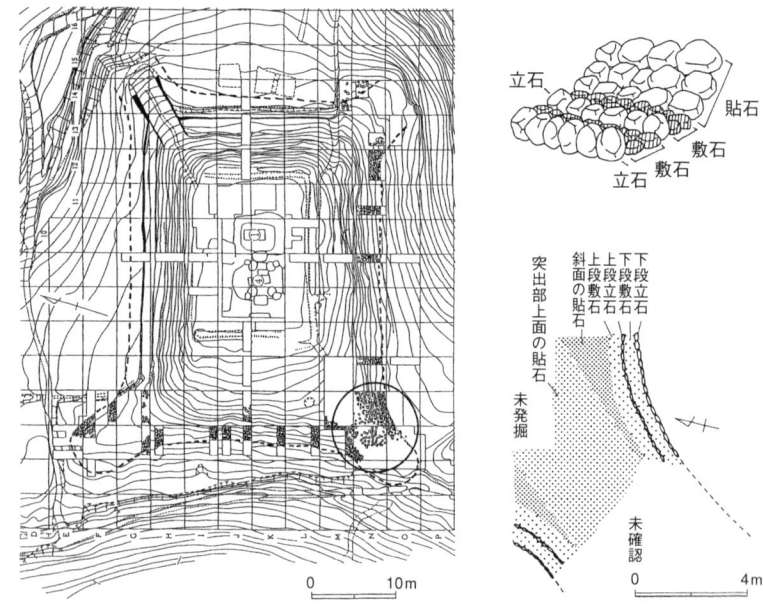

図3　出雲・西谷3号墓と南西突出部

裾周りを非常に丁寧に造っているのです。

さて、図3の墳丘測量図の○で囲ったところが、比較的よく遺存していた南西の突出部です。右側にその部分の模式図を示しました。壊れていてよくわからなかったところもありますが、基本的にこの図に示したように造ってありました。つまり、もっとも外側に下段の立石列、その内側に下段の敷石、その内側に上段の立石、さらに上段の敷石がめぐらされ、その内側に斜面の貼石があるわけですが、突出部のちょうど中軸線に沿った部分には「突出部上面の貼石」が施されていたのです。

このことから、四隅突出型の墓というのは四方の稜が稜角をなさず、そこに面ができていて石が貼られている。わかりやすくいうと、四角い墳丘の稜のところは石敷きのスロープになっている、そういう構造をし

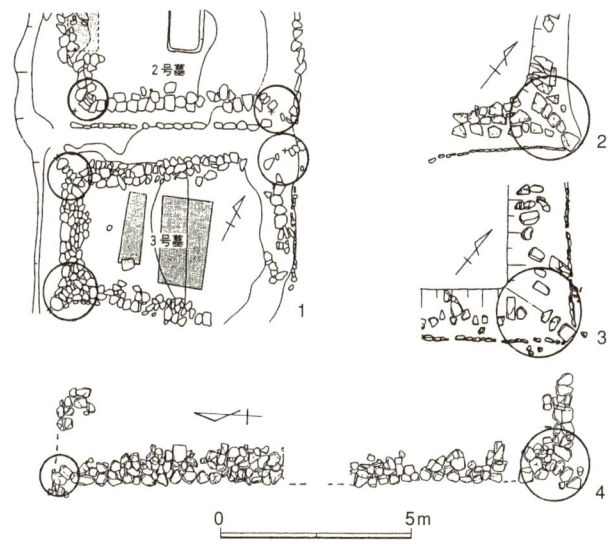

1：陣山2・3号墓　2：殿山38号墓東隅　3：田尻山1号墓東隅　4：青木4号墓西辺

図4　初期の四隅突出型墳丘墓に見られる「踏石状石列」

ていることに気がついたのです。

　図2のイメージ図を見ると、私の図以外の形状ではどうやって墳丘頂上に上ったのだろうかと疑問に思うわけですが、実はコーナーのところは斜道になっていて、そこを通って墳丘上に上れるのです。四隅突出型墳丘墓というのは、四方の稜線のところが通路のようになっている。ここに、この奇妙な形の謎を解く鍵があったのです。

四隅突出型という形態の意味

　そういう目で、四隅突出型墳丘墓のもっと古い時期の例を見ますと、この墳丘墓の発達の過程がよく理解できます。

　図4をご覧ください。これは初期の四隅突出型墳丘墓の隅角の部分が

どのように造られているかを示したものです。この図の◯で囲んである場所を見てください。1番の陣山2号墓・3号墓、これは中国地方山間部、備後北部にある弥生中期後葉の遺跡ですが、◯で囲ったコーナーのところに石が一列放射状に並べられているのがわかると思います。長方形のマウンドの四方の稜線の上に踏石(ふみいし)のように石を並べているので、私はこれを踏石状石列(ステッピング・ストーン)と名づけましたが、実際にここが墳丘上と墳丘外とを結ぶ通路、すなわち墓道だったのだろうと考えています。

　稜線上に石を並べて墓道とすることで、一つの墳丘形態が確立する。その後、大きい墓を造るような時代が来ると、この部分も大きくなるし幅も広くなる。そうすると石を一列並べただけでは全体のバランスが保てないので、そこを敷石にして斜道にしてしまう。それが西谷3号墓の姿なのではないかと考えられるのです。

　そこでもう一度、初期の例である陣山の2号墓と3号墓を見ると、2号墓では石は並んでいますがコーナーはまったく突出していません。ところがその隣の3号墓のほうは突出しています。同じ時期のものなのに突出していたり突出していなかったりするというのは、要するに突出させることに深い意味があったわけではない、ということでしょう。いずれにせよ、稜線に踏石状の石列を並べることで、後に四隅突出型と呼ばれることになる墳丘墓が成立したのだと考えられます。

　次に殿山38号墓です(図4-2)。これも同じ頃に造られた広島県北部のものですが、ここで注目されるのは、墳丘の裾周りに墳丘の外と内とを区画する石列が並んでおり、その石列が踏石状石列のところで終っていることです。

　これとそっくりなのが田尻山1号墓です(図4-3)。これも広島県北部の遺跡ですが、時期は後期前葉に下ります。やはり裾周りの石列が踏石

状石列の下端のところで途切れています。墳丘の内外を区画する裾周りの石が踏石状石列のところにはないわけですから、この部分が墳丘の中と外を結ぶ出入口であり、それ以外のところからは入ってはいけないという形になっているのだ、と解釈できるわけです。

以上のような私の仮説をわかりやすく示したのが図5です。1番、2番は稜線のところに並んだ石が、少し出っ張ったりあまり出っ張らなかったりしています。1番では墳丘の裾周りの石列がそこだけ途切れていて、コーナーから中に入れるようになっている。2番は出雲の青木4号墓（図4-4）のように墳裾

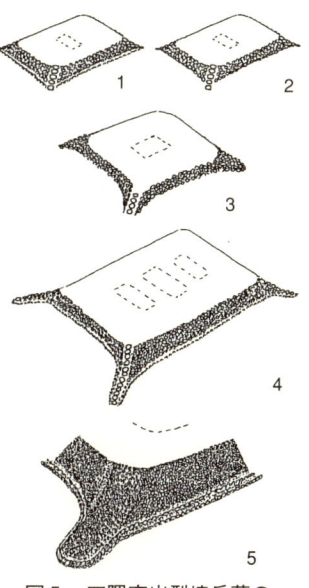

図5　四隅突出型墳丘墓の変遷模式図

の石列がない場合ですが、いずれにしても、この踏石状石列の部分は墳丘の内外を結ぶ墓道だと考えられます。3番から4番の段階になると四隅は明瞭な突出部となりますが、踏石状石列という原則は貫かれています。そして、後期後葉、さらに大きな墓を造る必要が生まれる時代が来るに及んで、全体が大型化するとともに突出部分も肥大化して、5番のような、つまり西谷3号墓のようなものが出現したのだろうと考えられます。

四隅突出型の墓が最初に発見された頃は、何でこんな変な格好をしているのだと皆不思議に思ったのですが、四方の稜線を墓道とする方形の墳丘墓が特殊化したものなのだと考えれば、謎は説明できるのです。

突出部の象徴化

さて、私はこれで四隅突出型墳丘墓の謎は解けたと思ったのですが、どうもそう簡単ではありませんでした。それに気がついたのは、図6の洞ノ原1号墓を見学したときです。これは鳥取県西部の大規模な弥生の集落遺跡で、保存運動の結果保存されることになった妻木晩田遺跡の一角にあるものなのですが、この墓を見て新しい問題にぶつかりました。洞ノ原1号墓では（貼石部分に網掛けしておきました）、図の右上、すなわち北の突出部には踏石状石列があるのですが、それ以外の三方の突出部にはただ無秩序に石が貼ってあるだけでした。つまり、墳丘の内外を結ぶ道は一方向だけであって、他の三方はただ出っ張らせているだけ、そういう構造をしていたのです。

四隅突出型墳丘墓は、四隅突出というぐらいですから四方向に突出部

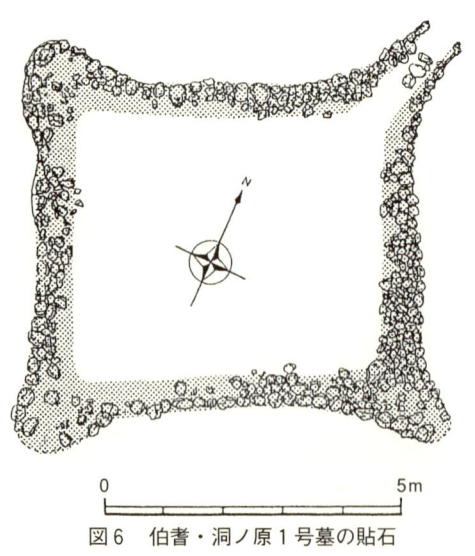

図6　伯耆・洞ノ原1号墓の貼石

があるのですが、実は四方向の突出部が全部きれいに残っていて発掘された例は、この洞ノ原1号墓ただ一つです。出っ張っているところはすぐに崩れるため、いくら丁寧に発掘してもどうしても突出部の先端は残っていないことが多いのです。洞ノ原1号墓は一辺5〜7mほどの小さな墓でしたので、小さいことが幸いして四方向がすべて残っていたのでした。

その結果、私は仮説の再構築をすることになりました。北の突出部は踏石状石列があって、間違いなく墳丘の内外をつなぐ通路になっています。その先端はそのままに外につながっていて境目もない。ここからしか墳丘上には入れないように造ってあります。だからこの突出部は間違いなく墓道なのですが、それ以外の三方はそういうふうになっていないのです。そこで、二つの重要なことに気がつきました。

一つは、四隅突出型墳丘墓の突出部はたしかに墳丘の外と中を結ぶ墓道の役割を果たしているけれども、四方向のすべてがそうなっているとは限らない。洞ノ原1号墓のように一方向だけのものもある。ひょっとしたら二方向というものもあるかもしれないし、三方向のものもあるかもしれない。いずれにせよ、四方向すべてが墓道だったとは限らないということです。

もう一つは、したがって突出部は皆同じ形をしているわけではない。従来、四隅突出型というのは四つの突出部はどれも同じ格好をしているのだと思い込んで復元図を描いてきたのですが、実はそうではなかったということです。

洞ノ原1号墓では北の突出部はたしかに墓道ですが、それ以外の三方は通路になっていないのですから、わざわざ出っ張らさなくてもいいはずです。では、何のために出っ張らせているのか。

私は次のように考えます。四方向を出っ張らせた形が象徴化するとい

うか、そういうふうに造るものなんだという思想が生まれていたからではないか。実際に通路として使うのは一方だけで、他のところは出っ張らさなくてもいいはずなのだが、出っ張らせなければいけないという意識が生まれていた。つまり、四隅突出型という形が定式化する、言葉を換えれば象徴化する、そういう思想が生まれていたのでしょう。洞ノ原1号墓は弥生時代後期初めの遺跡ですから、この頃すでに象徴としての墳墓形態が確立していたことになります。

　さて、四方の突出部が皆同じ形をしているわけではないと気づいて、その類例を探したところ、石見の順庵原1号墓（図7、後期中葉）を見つけました。これは四つの突出部のうち二方向だけしか良好には残っていませんでしたが、その二方向（図7の○をつけたところ）の形がまったく違っているのです。それぞれの拡大図をつけておきましたが、突出部の軸線に沿った断面（a－a'と書かれた縦断面図）を見ると、左側つまり西側の突出部では踏石状の石列が墳丘の頂上からから墳裾まで階段状に下っており、そのまま墳丘の外につながる形になっているのですが、右つまり東側の突出部では、きれいに並んだ石の先端が立石で縁取りされていて、50cmくらいの段差ができており、簡単には出入りできないような構造になっているのです。

　こうした諸例を見ますと、四隅突出型墳丘墓の突出部には、外と中を結ぶ墓道としての突出部と、外と中を区切り隔絶する構造の突出部とがある、と考えざるをえません。言い換えれば、「開いた突出部」と「閉じた突出部」がある、ということです。

　大型の四隅突出型墳丘墓の場合では、こうした突出部の造り分けがどのようになっているのか気になりますが、今のところまだ明確なことはわかっておりません。もしかしたらその手がかりになるかもしれないのが、図8の出雲・宮山Ⅳ号墓の例です。

第1章 四隅突出型墳丘墓と出雲世界 19

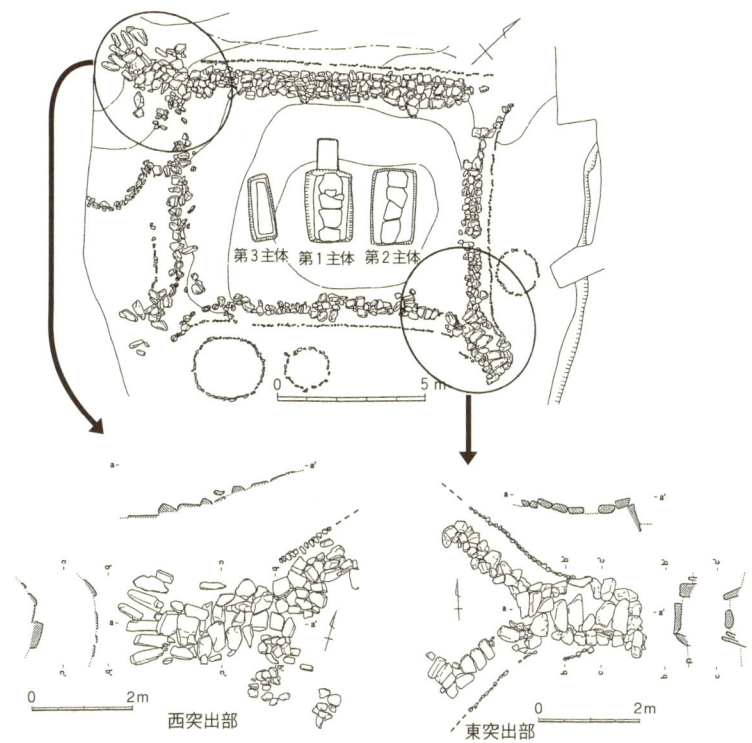

図7 石見・順庵原1号墓の突出部

　これは四隅突出型の中では中くらいの大きさのものですが、その南西突出部（図では左下の突出部）の先端の中央に一個大きな石が置いてあります（左下のアップの図参照）。この突出部にも西谷3号墓のように立石が二重にめぐっているのですが、立石列がこの大きな平石のところで途切れているのです。もっとも、この石から左のほうは立石列が失われていましたので、この石が本当に当初からこういう状態だったのかどうか疑問もないわけではありません。が、これが当初の姿だったと仮定して、〈南西突出部の復元（一案）〉に描いたようになっていたのではな

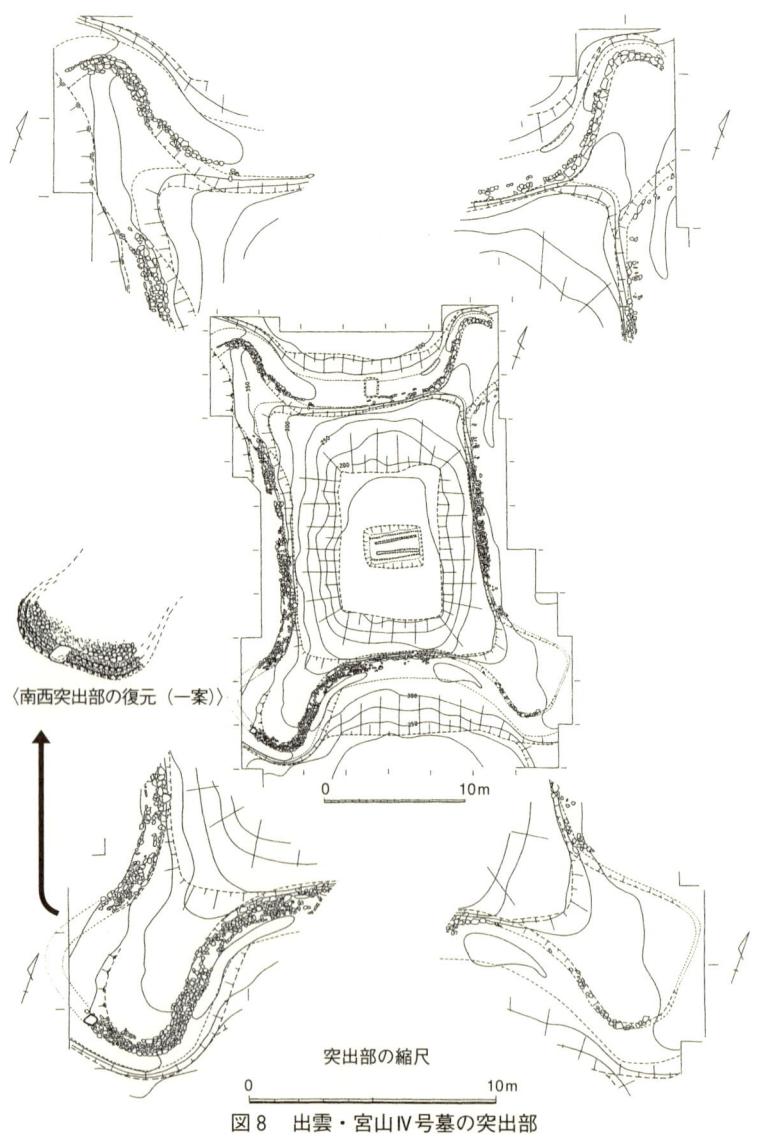

〈南西突出部の復元（一案）〉

突出部の縮尺

図8　出雲・宮山Ⅳ号墓の突出部

いかと想像してみました。つまり、二重の立石列で墳丘の内外は画されているが、この大きな平らな石が敷かれたところからだけは墓域内に入っていいよ、という仕掛けになっていたのではないかと考えてみました。今後、同じような例が発見されるのを期待しているところです。

大型墳丘墓の出現

図9は、山陰と中国地方山間部の弥生墳丘墓の規模について突出部を入れない寸法でグラフにしたものに、北陸で発見されている四隅突出型墳丘墓のそれを書き加えてみた図です。グラフ中の×マークが四隅突出型墳丘墓、×の真ん中に縦線が引いてあるマークは北陸の四隅突出型墳丘墓です。山陰や中国山間部にある四隅突出型と北陸の四隅突出型とが、規模のうえでどういう関係にあるのかがわかるように作ってあります。

それでまず、山陰や中国地方山間部に分布する各種の弥生墳丘墓、つまり、四隅突出型だけでなく突出部をもたない墳丘墓—貼石をもつものともたないものとがある—も含めて、各種墳丘墓の規模はどうなっているかを見ますと、太い破線で示したように、大雑把に大型・中型・小型の三つに分けることができます。破線を引いた近辺は分布が希薄ですので、どうやら大・中・小の三つのランクがあったように思われます。さらに大型の中には超大型、小型の中には超小型のものがあるようで、つまり、ピンからキリまでいろいろな規模のものがあることがわかります。なお、山陰というと四隅突出型ばかり造っていたと誤解している方がおられますが、そういうことはありません。四隅突出型以外にも、貼石のあるなしはありますが、各種墳丘墓が造られています。

それで、まず大型、つまり長辺がだいたい30m以上、短辺が20m以上もあるような規模のものですが、この大型に分類できるものは八つ発見されています。大事なことは、この八つはすべて×印、四隅突出型墳丘

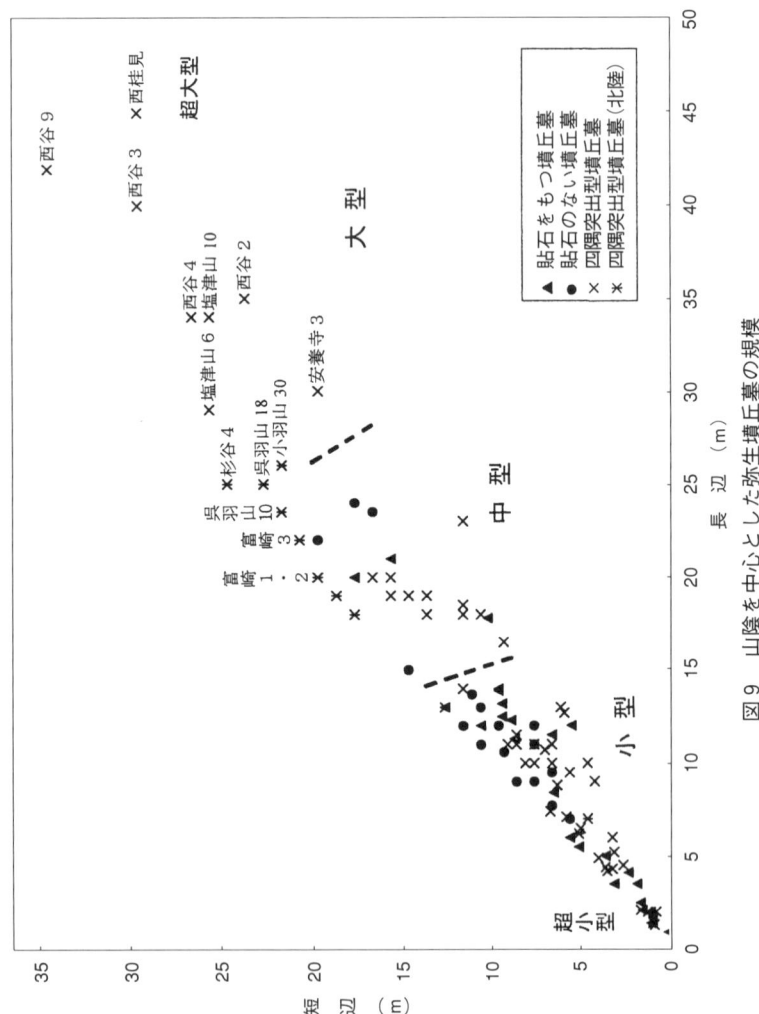

図9 山陰を中心とした弥生墳丘墓の規模

墓だということです。中型のところを見ると、四隅突出型だけでなくいろいろな墳丘墓があることがわかります。したがって、同じ四隅突出型でも小型・中型のものは、それ以外の種類の墳丘墓に比べてとくに大きいわけでもありませんから、必ずしも王など特別な被葬者を想定する必要はないということになります。

逆にいえば、四隅突出型以外の各種墳丘墓は中ぐらいの規模のものまでしかない、ということです。大型の四隅突出型に匹敵するような規模の四隅突出型以外の墓はないのです。だから大型の四隅突出型墳丘墓が造られた時代には、この墳丘形態こそ一番ランクの高い墓であると認識されていたはずであり、とくに大型の四隅突出型墳丘墓は王と呼ぶべき人物の墓、すなわち王墓だったと考えていいと思います。

もう一つ大事なことは、大型の四隅突出型は築造時期が限定されるのです。弥生時代の後期を前葉・中葉・後葉と分けると、その後葉になって初めて出現するのです。後期の前葉・中葉までは、四隅突出型はそれほど大きなものはなかったし、四隅突出型以外の墓でも結構大きいものが造られていました。ところが後期の後葉になると、突然、それまでのどの墳墓よりも大きい墳丘墓が現れ、しかもそれは必ず四隅突出型に造られたのです。王は四隅突出型の墳丘墓に葬られるという、そういう時代になったのだと理解できるでしょう。

要するに、弥生時代後期の後葉は、山陰地方に王が出現した時代です。と同時に、四隅突出型の墳丘墓が諸墳墓の中で一番ランクの高い墳墓になった時代でもあったのです。山陰の社会が地域ごとに政治的な結集を強めて、ある人物を王とし、彼とその一族に自分たちの集団の命運をゆだねて彼のために奉仕する、亡くなれば壮大な四隅突出型墳丘墓を造って葬る、そういう時代が始まったのです。

各地に出現した王墓

　同じ時期には、吉備南部でも楯築墳丘墓という巨大な墓が造られます。また、丹後では大風呂南1号墓という、豪華で多量の副葬品をもつ墳丘墓が造られています。後期の後葉は、山陰だけでなく山陽でも、また丹後でも、壮大な墓が出現する時代なのです。山陰で王と呼んでもいいような人物が現れた時代に、山陽の方でも王が現れるし、丹後にも王がいたのです。これは偶然ではないでしょう。必ずや共通した社会的・政治的な背景があったに違いありません。

　大きな墓に葬られるような支配者的人物が現れる背景には、社会的な緊張状態があったのだと考えられます。特に対外的な緊張関係が強まって、何とかしなければならないとなると、有能な人物に自分たちの運命を託して、彼のもとに結束し、彼のために奉仕する。そういう社会が形成されるのだと思います。

　心理学の実験にあるのですが、子どもたちを集めて二つのグループに分け、そのグループ同士を対立させると、それぞれの結束がすごく固まるのだそうです。リーダーを選び、ルールを決めたり自分たちの旗を作ったりして、一つにまとまろうとする。それと同じように、対外的な緊張関係が強まれば強まるほどその集団は結束を強めるわけで、そういう時代が来たのだろうと思います。

　図10を見てください。これは中国地方を中心に、弥生時代後期後葉から終末期にかけての時期に生まれていた墳墓祭祀の地域性を示したものです。ご覧のように、この頃には地域ごとにそれぞれ独自の流儀の墳墓祭祀が行われるようになるのですが、こうした共通した祭祀を媒介にした地域的なまとまりが生まれていたのだと思います。そして大事なことは、それぞれは孤立して存在していたのではなく、破線や実線で示した

第1章　四隅突出型墳丘墓と出雲世界　25

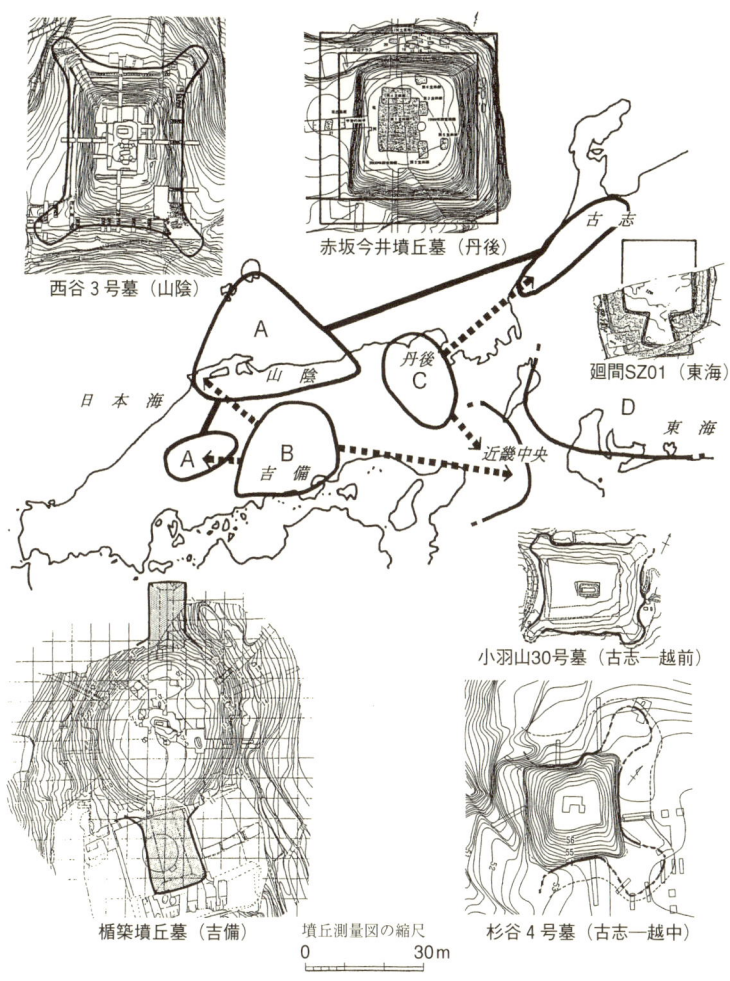

A：四隅突出型墳丘墓の埋葬祭祀　　B：特殊器台・壺を使用する埋葬祭祀
C：土壙内に土器片を置く埋葬祭祀　D：前方後方形墳丘墓の埋葬祭祀
（図中の太い線は墳丘墓祭祀の共通性による地域間の結びつきを示し、破線
はある地域の墳丘墓祭祀が他の地域に取り入れられていることを示す）

図10　本州島西部における弥生時代後期後半〜終末期の地域性（概念図）

ような相互の関係をもっていることです。

　弥生時代後期後葉は、実年代ではおそらく2世紀の後半頃だろうと考えられますが、この時期は中国の史書にある「倭国乱れる」という時代と重なっています。地域間の軋轢が生じ、場合によっては争うような緊張状態があって、そうした中で、地域によって早い遅いはあるでしょうが、各地の地域集団が結束を強め、大型の墓に葬られるような人物が現れて、互いにさまざまな外交を展開する、そういう状態にあったのではないかと思われます。

　それでは、この図に示した地域性のそれぞれが政治的に一つにまとまっていたのかと言うと、少なくとも山陰では必ずしもそうではなかったようです。図11は中国地方の四隅突出型墳丘墓の分布を示していますが、遺跡名を記入してあるのが大型の四隅突出型です。図中に何ヵ所か○で囲ったところがあります。出雲では東と西、伯耆も東と西、そして因幡、さらに中国地方山間部では備後北部の三次盆地のあたりにあります。これらの地域では四隅突出型がまとまって分布していますが、いずれも大河川の作る比較的大きな平野もしくは盆地があって、おそらくこうしたところを単位に地域的なまとまり、すなわち「クニ」が形成されていたのではないかと推定されます。とくに強力な「クニ」では、そのトップに立つ人物が巨大な四隅突出型墳丘墓に葬られたのではないでしょうか（今のところ伯耆では大型の墳丘墓はまだ見つかっていませんが、そのうち見つかるだろうと期待しています）。

　要するに、四隅突出型墳丘墓を造るということで連帯していた山陰の文化圏の中にも、いくつかの「クニ」が形成されていた、ということです。しかし今のところ、山陰諸勢力を結集する「連合」といえるようなものが成立していたとは考えにくく、したがって山陰連合体全体の王というようなものは存在していなかったと思っています。

第1章 四隅突出型墳丘墓と出雲世界　27

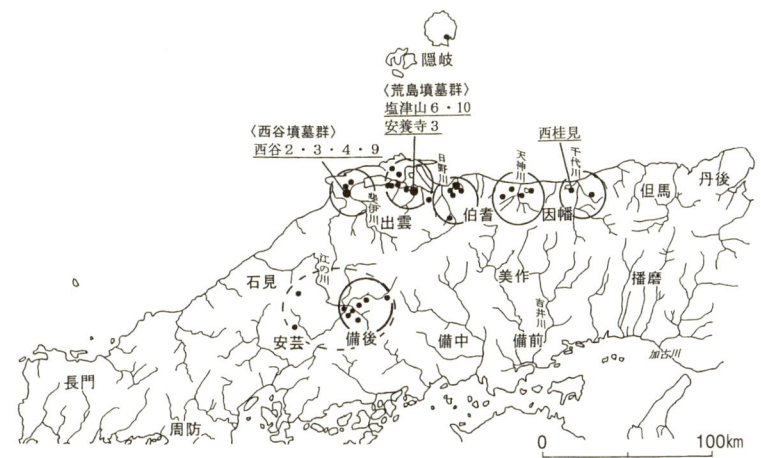

図11　中国地方の四隅突出型墳丘墓（遺跡名があるのは大型墳丘墓）

西谷3号墓の発掘

　王墓と考えられる大型四隅突出型墳丘墓の実態については、内容がはっきりわかっているのは先ほど紹介した出雲市の西谷3号墓だけです。そこで、この墳墓についてごく簡単に紹介したいと思います（図12）。

　墳丘上の何ヵ所かから埋葬施設の跡が見つかったのですが、その中でも一番大きいのは墳丘頂上のほぼ中心に位置する第4主体です。図13にその全体図を示しました。第4主体は差し渡しが6×4.5m、深さ1.4mほどの、平面形が小判形をした大きな穴で、その底に二重に作られた木棺が埋めてあるという構造でした。

　発掘を始めるとまず、ものすごい数の土器がぐしゃぐしゃに潰れた状態で埋まっているのにぶちあたりました（図14）。土器群の主要な範囲を図では太い破線で示してあります。下層の方ではあまり割れていない土器もありましたが、すべてを掘り出すのに2ヵ月くらいかかりました。

あとで土器を復元して数えてみると、二百数十個体になりました。

　土器片を取り上げているときに、土器片が密集しているあたりを中心に配置された四つの穴が検出されました。穴の直径は40cm前後あり、中に土器片がたくさん落ち込んでいました。穴は埋葬施設の中心を四角く囲んでいることから、これは柱が立っていた跡だと判断されます。柱そのものは腐ってなくなっていましたが、調査を進めると、柱穴は直径1m以上もあり、その中央に円柱を立て、周りに土を入れて固定していたことがわかりました。埋葬施設の上に4本柱の施設を作って儀式を行ったらしいのです。図15は、その祭儀の様子を想像復元したジオラマ（島根県製作）です。

図12　発掘中の西谷3号墓

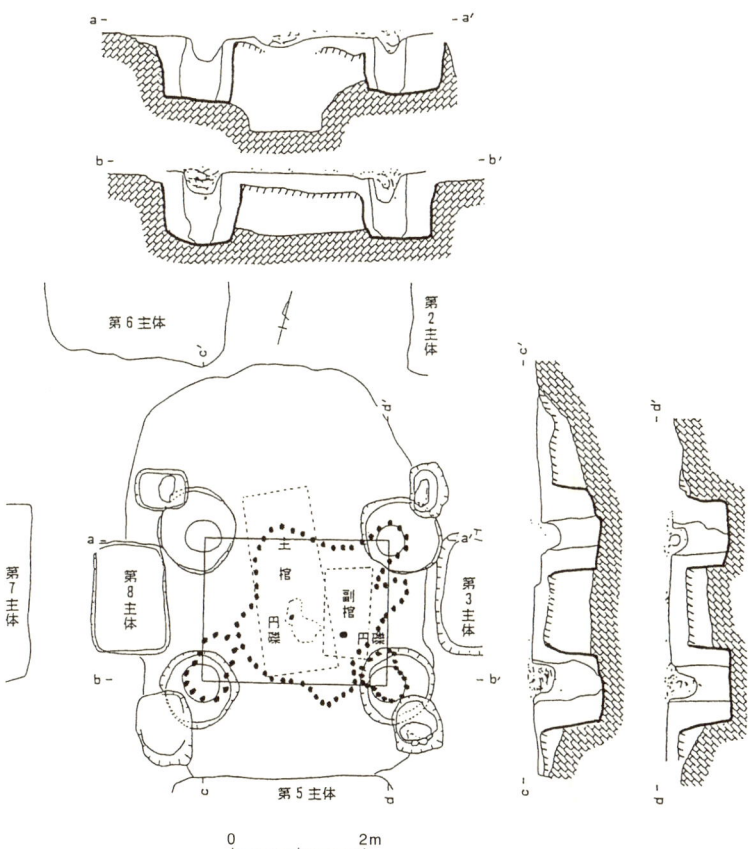

図13　西谷3号墓第4主体の平面図と柱穴の断面図

　土器片をすべて取り上げてみると、柱穴に囲まれた中央に握り拳よりも一回りくらい大きな、きれいに磨かれた丸石が出てきました。その石をよく見ると、ところどころに赤い朱がこびりついており、下の土が赤く染まっておりました。

　さらにその下を発掘して、棺の痕跡を明らかにすることができました。

図14 第4主体上の土器群

図15 祭儀を想像復元したジオラマ

図16 棺の置かれていた痕跡

棺材そのものは腐って消えていましたが、棺の中に敷き詰めた真っ赤な朱（水銀朱＝硫化水銀）がよく残っていて、その上からガラスの首飾りと鉄剣が発見されました。この棺の脇にはもう一つ小さな棺が置かれていたこともわかりました（図16）。

さて、ここで問題にしたいのは、墓上の祭儀で使用された二百数十個もの土器についてです（なお、隣の第1主体では約100個の土器が検出されています）。土器を復元して調べますと、いろいろな地方の土器があるのです（図17）。まず、壺とそれを載せる鼓形器台と呼ばれる山陰独特の器台、それと坏と思われる土器の三点セットがあります。これらは地元出雲の土器で、土器全体の2／3ぐらいを占めていました。

次に、吉備（岡山県南部）から運んできたと思われる特殊器台とか特殊壺と呼ばれている葬祭専用の土器があります。大型の特殊器台は高さが85cmもある、ドラム缶を小ぶりにしたような筒形の土器です。器台や壺の表面は赤く塗られ、細かい模様がたくさんつけられている。これは吉備ではたくさん発掘例がありますが、山陰ではそんなに多くは出てい

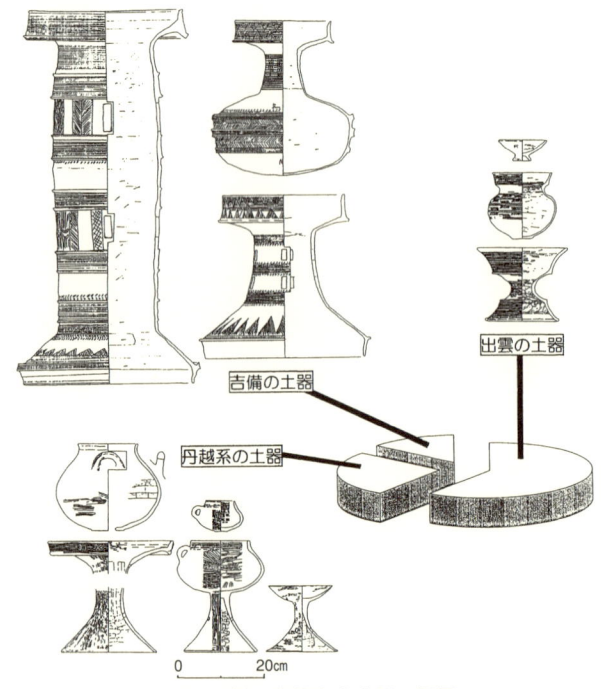

図17 第4主体出土土器の概要

ません。これらの土器の胎土を調べたところ山陽の土が使われていることが判明していますから、これらは間違いなく吉備から運ばれてきた土器なのです。

　この土器は少なくとも30個以上はありました。土器だけが来るわけはないから、人が土器をかついでやって来た。一人ではもてないような大きなものもありますから、少なくとも50人以上は要る。それから、自分ではもたずに命令だけしているような人間がついて来たでしょうから、ひょっとしたら総勢100人くらいが吉備からやってきたはずです。

　さらに、それとはまた別のタイプの土器が60個ぐらいありました。こ

れも山陰ではついぞ見かけない形の土器なので調べてみると、丹後から越前〜加賀あたりによく似た土器がある。しかし、その地域の研究者にも見ていただいたのですが、よく似ているけれどどこか違うというお話です。そこで専門家に土器の胎土を調べてもらったところ、北陸の土ではなくて、むしろ山陰の土ではないかということでした。だとすると、丹後とか北陸（越）の土器の形を真似て山陰の土で作ったものらしいということになります。私はこれらを「丹越系」の土器と仮称しています。

　つまり、丹後ないし越地方の土器を知っている人間が、山陰に来て故郷の土器を思い出して作った。西谷3号墓で行われた儀式に直接かの地から来たわけではなく、すでに山陰に移り住んでいた丹後ないし越の出身者が、急遽郷里の土器を作って儀式に参加した、などと想像したくなるような一群の土器なのです。

　以上のように、西谷3号墓の上で行われた葬送の儀式には、地元出雲以外の地域の人たちが多数参列していた可能性がたいへん強いのです。

　西谷3号墓の発掘によって、後期後葉、おそらく2世紀の後半ころに出雲の王墓で行われた葬送の儀式には、吉備や北陸などの出身者が土器を携えて参加していたということがわかりました。これはどういうことかと言うと、おそらく出雲の王は吉備や北陸などの支配者と外交をしていたのだろうと思います。そのため、王の死にあたっては、それらの地域の人たちがそれぞれの土器をもち込んで儀式に参列したのではないか、と想像されるわけです。

　巨大な墳墓は対外的な緊張関係を反映したものだと述べましたが、であればこそ、他の地域の指導者と同盟を結んだり敵対したり、合従連衡や遠交近攻といった外交関係を展開していたに違いない。2世紀の後半のいわゆる倭国大乱というきびしい政治情勢の中で、それぞれの地域の王は、いろいろな策を使って自分たちの集団の安全を図ろうとしたので

はないかと思います。

四隅突出型墳丘墓の拡散と北陸

さて、図18は四隅突出型墳丘墓の時期別の分布図です。中期の後葉に中国地方山間部や出雲で出現し、後期になると山間部と出雲、伯耆に分布するようになりますが、後期の後葉には海を越えて隠岐に広がり、そして北陸にも広がります。この時期は出雲などで王が誕生した時期ですが、山陰の墓制が北陸にまで伝播するという、いわば拡張期でもあったのです。

北陸の四隅突出型墳丘墓で最初に造られたのは、福井市の小羽山30号墓です（図19-1）。この墳丘墓は、貼石がないという点を除くと、多くの点で出雲の西谷3号墓とよく似ています。まず基本形は長方形です。それから埋葬施設の上から出雲の場合は磨いた丸石が出てきたことをお話ししましたが、小羽山30号墓でも磨り石が出ています。これは石斧を転用したものですが、磨いた痕跡がはっきり見られ、磨り石として使われたことは明らかです。これらの石は、西谷のものに朱がついていたことからもわかるように、朱を磨りつぶす道具だったのではないかと考えられます。そしてその上からたくさんの土器が出土しましたが、これも西谷3号墓と同じです。出雲との強いつながりがなければ、こんなに共通点の多い墓が出現するはずがないと思います。おそらく一定数の人々の移住を伴うような関係が、この時期の出雲と越前の間にはあったのだろうと考えられます。

この小羽山30号墓よりちょっと遅れて、越中富山の婦負地方に富崎3号墓という四隅突出型が造られます（図19-2）。この墓は、図からわかるように正方形が基本で、突出部が袋状にふくらんだ平面形をしていて、たいへん腰高に造られています。こんな格好の四隅突出型は山陰にはあ

第1章 四隅突出型墳丘墓と出雲世界 35

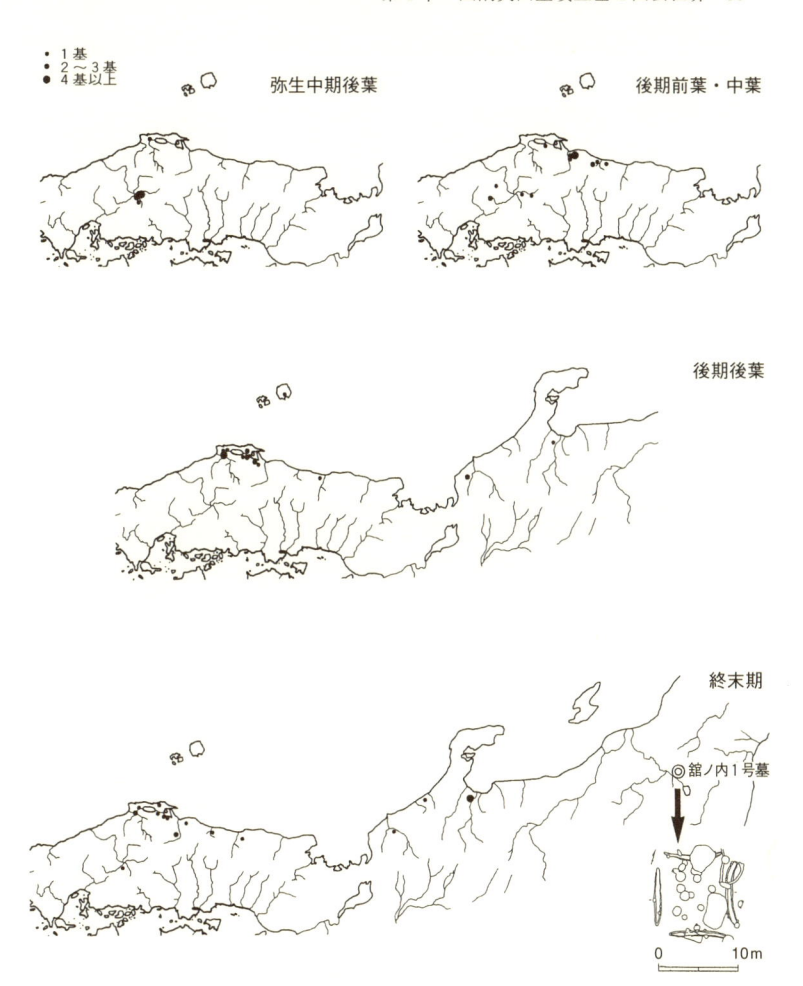

・ 1基
: 2〜3基
● 4基以上

弥生中期後葉

後期前葉・中葉

後期後葉

終末期

◎舘ノ内1号墓

0　　　10m

図18　四隅突出型墳丘墓の時期別分布

りません。山陰の四隅突出型墳丘墓から見ると、これはきわめて異質だと言わざるをえません。

おそらく富崎3号墓を造った人たちは、山陰の四隅突出型を直接には知らなかったのだろうと思います。越中婦負の人たちは本場の四隅突出型墳丘墓を直接は知らなかったけれど、それでも山陰ないし出雲との関係を示す墳墓を造る必要があって、小羽山30号墓を手本にして造った。長方形よりも正方形の方が整っているし、突出部もちょっと工夫してみた、といったことで独自性が発揮されることになった。そんなふうに考えております。

その後婦負地方では四隅突出型の墓がいくつか造られ続けますが、ほぼ富崎3号墓のスタイルが踏襲されています（図19-5〜8）。本場山陰の四隅突出型を直接には知らないまま、山陰との関係を表示する墳墓を代々造ったのです。その理由はよくわかりませんが、富崎3号墓に葬られた人物が出雲と何らかの関係があったために、その後その一族が墓の伝統を墨守することになったのでしょう。

なお先ほど述べたように、山陰の四隅突出型墳丘墓には大型・中型・小型というランキングが見られます。しかし、図9のグラフを見ていただくとわかるように、北陸のものはそのランキングに対応しておらず、まったく別の規範で造られているようです。ですから、山陰の勢力が北陸に乗り込んで直接支配したなどということは考えられないと思います。

考古学的に見ても、出雲の勢力が北陸を征圧し支配したという物証はありませんし、墓の形が似ていても貼石がないというような独自性をもっています。山陰の土器がたくさん出ているということもありません。人間の移動はあったに違いありませんが、それもそんなに大規模なものではなく、どちらかと言えば平和的で一時的なものではなかったかと思

第1章　四隅突出型墳丘墓と出雲世界　37

1．越前・小羽山30号墓

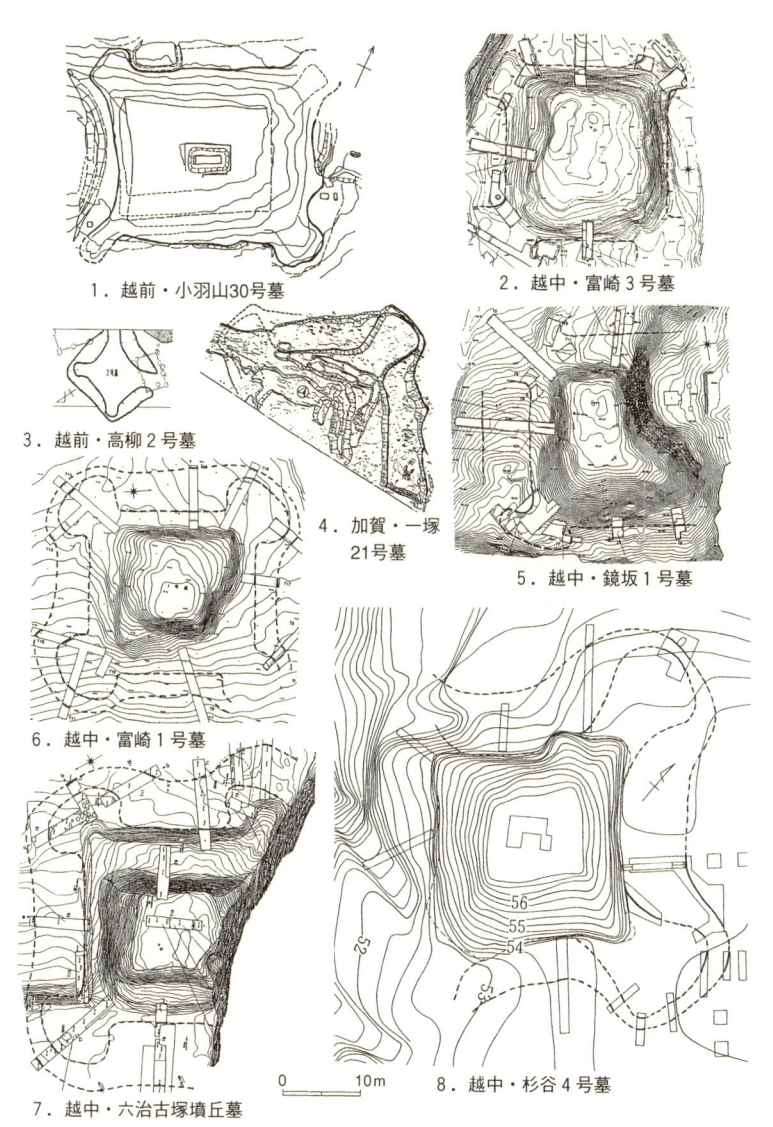

2．越中・富崎3号墓

3．越前・高柳2号墓

4．加賀・一塚21号墓

5．越中・鏡坂1号墓

6．越中・富崎1号墓

7．越中・六治古塚墳丘墓

8．越中・杉谷4号墓

図19　北陸地方の主な四隅突出型墳丘墓

われます。

　ところで、『出雲国風土記』には出雲と北陸（古志・高志）との深いつながりをうかがわせる伝承がたくさん記されています。たとえば「古志の郷」という地名です。今でも出雲市には古志町という所がありますが、なぜ古志という地名がついたかというと、イザナミノミコトのときに古志の国の人たちがやってきてここに住んだからだ、という話が記されています。あるいは「狭結の駅」は、古志の国の人で佐与布という人が来て住んでいたからついた地名だと記されています。実は、西谷3号墓のある西谷墳墓群は出雲市古志町の近くなのです。

　想像をたくましくすれば、これは実は弥生時代の話で、サヨフなる人物に率いられて移住していた北陸出身の人たちが、出雲の王が死んだときに、吉備代表は何とか駆けつけてくれることになったが、北陸はちょっと遠いのですぐには来れないだろうから、北陸代表として葬儀に参列してくれと頼まれて、急遽故郷のものを真似た土器を作って墓上の儀式に参加した……。そんなこともありえない話ではないなと思うわけです。

　なお、弥生時代の終末期には四隅突出型墳丘墓の影響は遠く会津盆地にまで及んだようです。図18の終末期の分布図の右側に、福島県喜多方市で発見された舘ノ内1号墓の図を入れておきました。これは方形周溝墓ですが、溝が弓のように湾曲していて、たしかに四隅突出型墳丘墓を真似ているように思えます。だとすると、これを造った人は本場の四隅突出型など見たこともない、ただ伝聞でこんな形のものを造った、としか考えられません。山陰から出発した四隅突出型墳丘墓という観念が変容に変容を重ねて、ついにたどり着いた成れの果て、これがこの会津盆地の方形周溝墓なのかもしれません。

　もしそうだとすると、阿賀野川沿い、もしくは只見川沿いに伝播していったに違いありませんから、越後にその中間的な形のもの、つまり四

隅突出型の影響をうかがわせるような墓があってもおかしくないと思います。今後、越後の地域でこの時代前後の墳墓が発見されると、もっともっといろいろなことがわかると思います。

以上述べたことを一言でまとめれば、中国地方をはじめいろんな地域にそれぞれの個性をもった文化が生まれ、各地に「クニ」的なまとまりが生まれて、そうした地域同士が時には同盟し、時には反目する。相互に人間集団が移動することもあって、広範囲で緊張状態が続いた。これが、弥生時代後期後葉から終末にかけての西日本の姿なのだろうと思います。「倭国乱れる」という『魏志倭人伝』の記事は、このような情勢を反映しているのではないかと考えています。

四隅突出型の終焉と出雲の没落

さて、それでは四隅突出型墳丘墓を造った文化はその後どうなったのか。図20は弥生時代の四隅突出型墳丘墓とその後の古墳時代前期前半に造られた主要古墳の両方の分布を示したもので、三角印が弥生時代の墓、四角や前方後方墳の形をしているのが古墳時代初期の墳墓です。

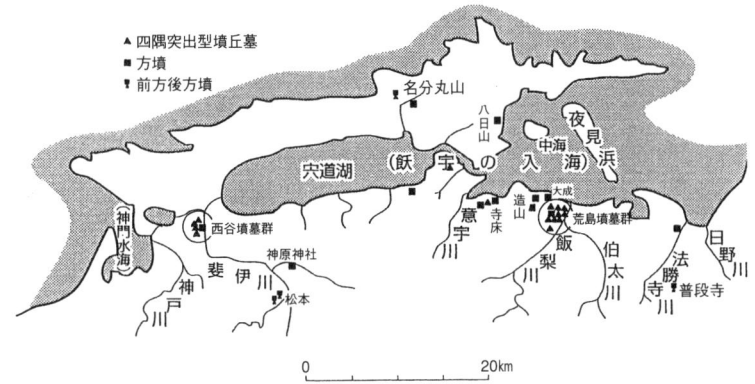

図20 出雲における大型・中型の四隅突出型墳丘墓と前期前半の主要古墳の分布

先ほども言いましたように、弥生時代の出雲には東西2ヵ所に四隅突出型墳丘墓が集中して分布する地域がありまして、おそらく東西に「クニ」が並立していたのだろうと考えられます。

　まず出雲西部の西谷墳墓群は弥生時代の王墓が代々造られたところで、弥生時代の終末期には西谷9号墓という突出部を含めると一辺が60mもある巨大な四隅突出型が造られました（図1-15）。この被葬者は出雲全体の盟主になった人物だと考えられます。ところが、その西谷9号墓を最後に、この墳墓群では大型墳墓は姿を消してしまいます。古墳時代前期には20m前後の小さな方墳しか造られていません。それまでの隆盛がまるで嘘のように、ほぼ断絶してしまうのです。しかも、その周辺部にも前期の古い古墳は一つも発見されていません。どうやらこの勢力は没落してしまったらしいのです。

　次に、中海の南側、今の安来市にある荒島墳墓群も、やはり有力な四隅突出型がたくさん造られたところですが、ここではすぐ近くに、大成古墳とか造山1号墳という立派な竪穴式石槨をもち、三角縁神獣鏡を副葬する大型の前期古墳があります。つまり、ここでは弥生時代に有力な墓を造った勢力が、古墳時代になっても立派な古墳を造っているわけですから、弥生から古墳へという激動の時代を乗り切って、その勢力は維持されたことになります。しかし、これらの古墳は大型とはいえ、いずれも方墳であり前方後円墳ではありません。

　そこで私は、西部出雲の勢力は没落した、一方の東部出雲では何とか古墳時代にまで勢力をつなげることができたけれども、それは前方後円墳ではなく方墳を造る身分としてであった、と考えました。出雲の四隅突出型を造った勢力は、古墳時代を迎えるにあたってきわめて屈辱的な立場に立たざるをえなかったのではないか。四隅突出型の墳墓を造った勢力は外部の勢力、すなわち大和の勢力に屈服したことによって、出雲

の古墳時代は始まったのではないか、と思うわけです。

　四隅突出型墳丘墓がもっとも盛んに造られた出雲でそういう現象が起こっているということは、それ以外の地域でも基本的には同じことだったのではないかと思います。四隅突出型を造った勢力は古墳時代の開始までにすべて解体されるか衰退し、あるいは自分から四隅突出型の墳墓造りを放棄して大和政権に擦り寄った。そうした流れの中でも出雲西部は少しがんばったのかもしれません。しかし挫折せざるをえなかった。そして、山陰の政治秩序はいったん解体されるという事態になったのではないかと思います。

　ところで、『古事記』には出雲タケルがヤマトタケルに謀殺されるという話が載っているのですが、これは斐伊川のほとりが舞台になっています。『日本書紀』では同じような事件が「ヤムヤの淵」で起こったことになっています。斐伊川もヤムヤ（＝塩冶）も西谷墳墓群のすぐ近くですので、西谷墳墓群に関係する出雲の英雄が大和政権によって滅ぼされたというような意味にも受け取れる話なのです。

　いずれにしても、西谷墳墓群の勢力が大和の勢力の前に屈服したことはまず間違いなさそうですし、東部の勢力が前方後円墳を造らなかったのも、その影響と考えられるのではないでしょうか。こうして、弥生時代に大きな勢力を誇り遠隔地とも誼みを通じていた出雲はここで挫折し、この地で前方後円墳が造られるようになるのは、古墳時代前期の終り頃になってからのことでした。弥生時代終末におけるこれらの経緯の中に、大和政権が出雲を特殊視するようになる遠因があるのではないか、などと考えているところです。

第2章　弥生・古墳時代前期の丹後地方

丹後と弥生文化

　古代律令制国家が成立する前の段階では、現在の京都府の中部から北部さらに兵庫県の北部という広い地域が丹波と呼ばれていたようです。
　この丹波は、全域があまり高くない山が連なった丹波高原と呼ばれる地方で、山と山との間に川が流れ、川の流域には平野とか盆地がまとまりなく茫漠と広がっています。しかし、古墳時代以降日本の中枢地となった畿内に隣接する地方であり、その畿内から山陰に向う交通路が通っているとともに、山陰地方と瀬戸内海を結ぶ道ともかかわるということで、政治的にも経済的にも無視できない地方でした。そうした条件の中で、古代律令国家ができ上がると、北の日本海に面する地方は丹後として分離し、丹波とは別の国になりました。
　丹後国にはかつては与謝郡、中郡、竹野郡、熊野郡という郡がありました。近年の町村合併で多くの町が舞鶴市、宮津市、福知山市などに吸収合併され、それ以外は与謝野町と京丹後市の二つにまとめられてしまいましたが、これでは地域の特徴を語るにはきわめて不自由なので、ここでは合併前の古い町名を使うことにします。
　丹後に限らず日本海の沿岸地方は砂丘（砂堆）がたいへん発達しており、これらの砂堆の上には弥生時代の前期の遺跡が点在しています。砂堆が自然の防波堤の役割を果たしてくれるので、その背後に入り込んだ海は波静かで良港になります。その海から入り込んだ砂丘の裏側に湖が

広がっているようなところを潟といい、湖状を呈した潟を潟湖といいます。

　日本海は太平洋に比べて波が穏やかなので水上交通に適しており、そのため北部九州に最初に移植された水田稲作、いわゆる弥生文化は日本海沿岸ルートに沿って急速に東へ広まります。弥生時代前期のうちに、すでに青森県の弘前まで伝播しており、弘前にはみごとな弥生前期の水田跡も残っています。

　丹後地方の久美浜町の函石浜遺跡は古くから有名な遺跡で、紀元1世紀ころに中国から輸入された貨泉という銅銭が発見されています。また竹野遺跡は比較的近年発掘調査されましたが、ここからは弥生前期の壺形の土器とか、土笛が出ています。土笛は弥生時代前期に現在の山口県、すなわち本州の西端から山陰にかけて流行しました。これが出土するということは、丹後の弥生前期の文化が日本海ルートにのって西の方から伝わってきたものであることを物語っています。

　丹後の東に接する福井県の若狭湾沿岸にも点々と弥生前期の土器が発見されており、このように海岸伝いに砂堆の上に弥生前期の遺物が点々と発見されるのが日本海沿岸の特徴ですが、やってきた人間が全員そのまま東へいってしまったわけではなくて、到達した地域に留まる人間もいました。

　丹後でも少し内陸に入った峰山町にある扇谷遺跡は、弥生前期末の特異な高地性集落です。この遺跡は小高い丘の上にあり、周りにはV字状に掘りこんだ深さ3mほどの空堀（環濠）がめぐらしてあります。環濠の内側は前期型式の前方後円墳などがあることもあって調査はされていないのですが、普通の高地性集落と違って環濠の範囲が狭いことが気になっていました。ところが、松江市の田和山遺跡が近年見つかりました。山頂の狭いところに掘立柱の建物の跡があり、その周りを三重の厳重な

堀で囲んでいる遺跡でした。さらに鳥取県の妻木晩田遺跡の洞ノ原地点で、同じように日本海を見下ろす突端のところに、狭い範囲を堀で区画した一郭が見つかっています。狭い範囲を厳重に堀で巡らすこうした施設が日本海沿岸の弥生文化の一つの特徴だと考えられるようになってきました。

丹後の弥生墳丘墓

弥生文化が本格化する中期から後期の丹後の大きな特徴は、玉造がたいへん盛んだったことです。玉造は、丹後に限らず出雲や佐渡でも弥生時代から古墳時代まで盛んでしたし、新潟県でも西の端の方でヒスイが出るというように、玉は日本海文化の大きな特徴ですが、丹後ではその玉の製品、あるいは未製品が多く出土するだけではなく、それとともに小型の鉄製工具が玉造遺跡や、それらの遺跡の近くにある同時期の墳丘墓からも出ます。そうした鉄の出る度合いが高いという特徴があります。図21に大風呂南１号墳墓からの出土品が示されていますが、鉄製品の多

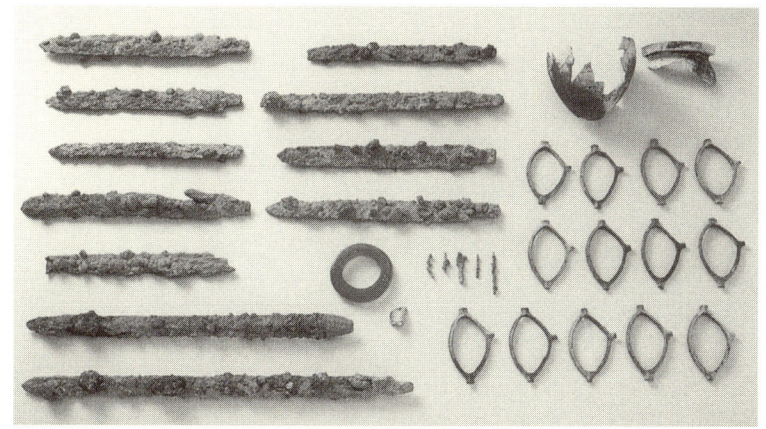

図21　大風呂南１号墓の主な遺物

いことがわかります。

　少し時期が下がりますが、丹後の弥栄町の遠所遺跡も古墳時代後期以降の大製鉄遺跡として有名です。日本で鉄製品を直接製作するようになったのがいつごろのことかはまだ結論が出ていませんが、丹後や近江が日本では初期の鉄の大産地であったとことが最近明らかになってきています。しかし、本格的な製鉄が始まる前から丹後には豊かな鉄器があるわけですから、これらの材料は他所から運ばれてきたに違いない。たぶん特産の玉製品を輸出した見返りとして潤沢に鉄を手に入れていたのでしょう。

　多くは北部九州などとの交易で得たのだと思いますけれども、国内だけではなく朝鮮半島との交流があったと考えられます。というのは、日本産でないことが明らかなガラス製の釧（腕輪のこと）が大風呂南墳丘墓から出ているからです（図22）。半透明の緑色をした美しい玉ですが、この材料が日本で手に入ることはないので、これが輸入品であることは間違いない。こういう物が出ているということは直接海外と交流していたことを物語っているわけです。

　さらに豊かな富を蓄積したことが、丹後地方において本州ではどこよ

図22　大風呂南1号墓出土のガラス釧

方形貼石墓全景

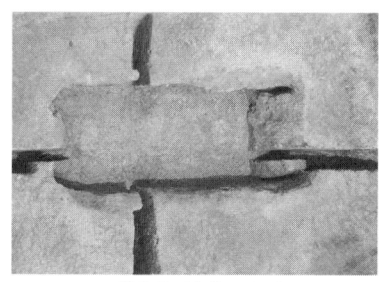

埋葬施設（木棺土壙墓）　　　管玉群出土状態

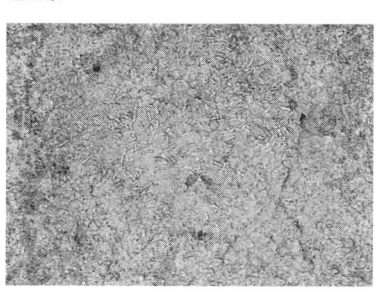

図23　日吉ケ丘遺跡

りも早く弥生墳丘墓を発達させました。加悦町の日吉ケ丘遺跡の一角で見つかった墳丘墓は、弥生時代の中期末まで遡ることが明らかで、長方形の台型をした大型墳丘墓です（図23）。

　これらの中期に遡る墳丘墓はあまり多くなくて、丹後では現在までのところ2、3例しか見つかっていません。丹後の場合は四隅はまったく突出しないで、台状の墳丘の斜面にだけ丁寧に貼石を施しています。貼

石を施すのは出雲の墓と共通ですが、隅を突出させないのが丹後の特徴で、その点は重要です。すなわち、出雲で発達した四隅突出墓と同じ形のものが福井県の越前地方から石川県・富山県にかけてありますが、中間の丹後や若狭にはないのは、出雲の真似はしないという丹後の独自性を意味していると思われるからです。最近、宮津市の難波遺跡でも同じようなものが見つかるなど、中期まで遡る大型の台状墓の例が少しずつ増えていますが、それらはいずれも四隅が突出していません。

　これらの台状墓には木棺を納める長方形に掘られた土坑が見つかりますが、丹後の土坑はいずれも穴の周りの壁が垂直に深く掘られているのが特徴です。日吉ケ丘墳丘墓の棺の中には、朱で真っ赤に染まった遺体の頭があったと思われるあたりに小型の管玉が無数といっていいほど多数副葬されていました。直径が2㎜もないような小さい玉ですが、よく見るとこんな小さな玉にどうやって穴を開けたのか驚くほどです。

　中期末には、このような王墓といってもいいような立派な墳丘墓がいくつか現れますが、後期に入ると、なぜか丹後では大型の墳丘墓は影をひそめ、それに代わって無数といえるほどの数の小型の墳丘墓が営まれるようになります。しかもそれらの多くに小型の鉄製品が副葬されます。主な遺跡をあげると、大宮町の三坂神社墳墓群とか同じく左坂墳墓群、丹後町の大山墳墓群、網野町の浅後谷南墳墓、そして先ほどあげた岩滝町の大風呂南墳墓群です。これらはいずれも、個々の墳墓は台状墓とはいえないようなもので、狭い山の尾根筋の稜線の部分を平らにカットして墓域としているものが圧倒的に多く、しかもそういうものが連接して営まれているのが普通です。

　王というのは原則として1集団に1人しかいないリーダーを意味するわけですから、こういうたくさん群集しているものを王墓ということはできません。こんなにたくさん王がいるはずがない。近畿地方の中央部

や関東には方形周溝墓群がたくさんありますが、それと同じような弥生時代の村の有力者たちの墓だと考えたほうがいい。

　このように突出した王墓といえるようなものがなくなって、同じような小型の台状墓ばかりになるのが丹後の特徴です。このことだけを見れば近畿や関東と同じなのですが、弥生時代の墓で副葬品をもっているのは、九州を以外では丹後にしかありません。丹後では小型墳丘墓でも鉄器を副葬している頻度がきわめて高く、それが丹後の弥生後期の墓、いい換えるとこの時代の丹後社会の大きな特徴といえます。鉄器の量が多く玉も多いことから見て、弥生時代後期の丹後の社会は高い生産技術を貯え、経済的に自立できた生活を営めるような人たちが、互いにほぼ対等な関係で一つの共同体を経営していた可能性が高いのです。

　このように人々が協力共同して社会を運営するような社会からは、たとえば中国で発達したような強大な専制君主制国家は生まれにくい。むしろ古代ギリシャや古代ローマで発達した古代民主制国家とか共和政体といった政治形態が生まれる温床になる。そうでない場合でも、西ヨーロッパのゲルマン人の社会のような、中世段階に農奴制封建社会を生み出す温床にもなります。

　玉造とその広範な交易によって富を蓄積した弥生後期の丹後社会は、中国型ではなく、ヨーロッパ型の方向に発展しうる可能性も秘めていたのではないか。そういう感じを抱かせる特徴があるわけです。

　しかし、実際にはそのような方向には進みませんでした。何で進まなかったのかといえば、かなり財貨は蓄積していったといっても、その質と量は微々たるものであっことが第一です。いま一つは丹後を囲む周辺の諸地方の動向がそういう方向ではなくて、明らかに専制君主を生み出す方向に進み出していたため、丹後もまた同じ進路をとらざるをえなかったのだろうと思います。

弥生から古墳へ

　そういう方向が兆し始めるのが弥生後期の後半です。弥生後期の後半に入ると、丹後でも内陸で海がない峰山町と日本海に面した網野町の境界近くに、丹後の初代の大王の墓といえる特大の方形台状墳丘墓、赤坂今井墳丘墓が突如出現します（図24）。この墳丘は自然の地形を利用したもので、全部が盛土ではないのですが、周辺の自然地形を大がかりにカットして墳丘を浮き立たせています。ですから長径40m以上、高さが4m以上もあります。

　複数の埋葬施設の存在が確認されていますが、主要な王を葬った墓抗は二つあり、そのうちの一つが発掘されています。そこから出た遺物はすばらしいもので、たとえば勾玉を始めガラスその他の材料を用いた多くの玉で飾った、王冠ともいえるものが出土しています。まさに丹後の初代の大王の墓といってもいいような墳墓です。この墓が内陸の盆地状のところと海に面した海岸平野の交点に営まれたということは、埋葬された人物が丹後全域を支配する王者だったことを示している考えられます。

　この赤坂今井墳丘墓の存在によって、丹後地方が特定の個人が全域を支配する専制君主をいただく社会に突入したことは明らかですが、どうやらこうした弥生末の王墓は、この今井墳丘墓が最初で最後です。この後同じようなものは出現せず、これで丹後の弥生墳丘墓は終りを告げるのです。

　大きく成長してきた丹後の弥生社会がどうしてここで終るのか。これはその直後、多くの国々を統合して卑弥呼をその頂点にいただく邪馬台女王連合が西日本の広域の首長を糾合して成立し、奈良盆地にひときわ大きい全長280mもある日本最初の巨大前方後円墳、箸中山古墳（いわ

トレンチ位置図および検出遺構配置図
（トレンチ内数字は埋葬施設番号）

図24①　赤坂今井墳丘墓

第2主体　　　土壙　　　第3主体

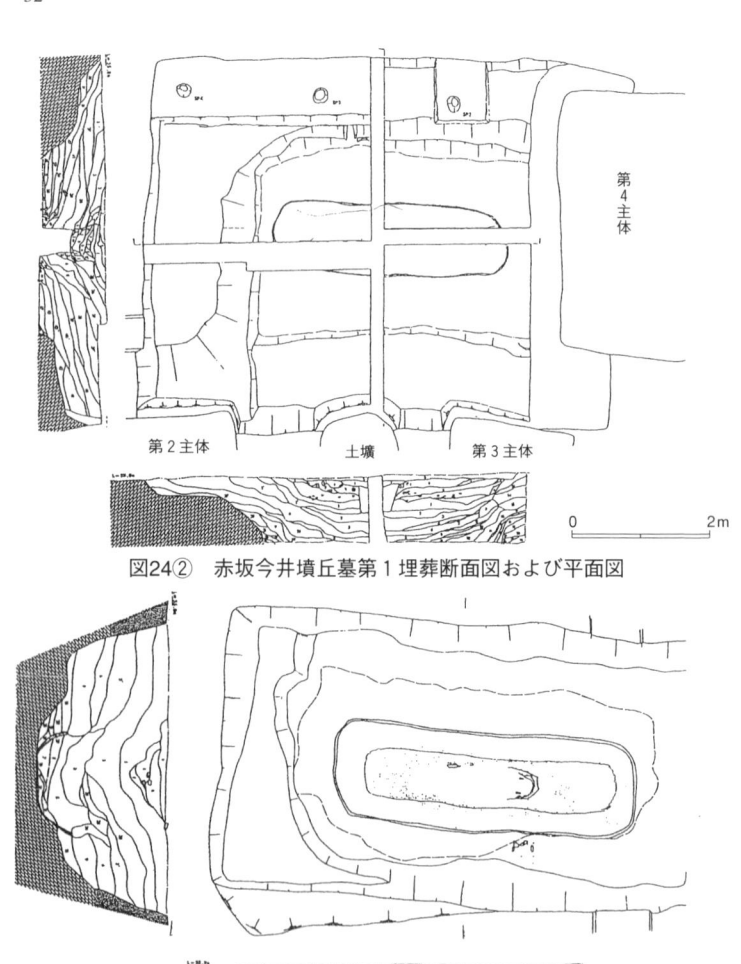

第4主体

図24②　赤坂今井墳丘墓第1埋葬断面図および平面図

0　　　2m

図24③　赤坂今井墳丘墓第4埋葬平面図および断面図

ゆる箸墓古墳）を築いたことと関係があるように思います。それと同時に、同じような形をした撥形前方部（三味線の撥形をした前方部）をもつ初期前方後円墳が西日本の各地に点在することになりますが、これは中国の史書に出てくる邪馬台国と古墳の分布状況が似ていますから、一致すると思います。卑弥呼の代から日本は古墳時代に突入したということになります。

　これまでのところ丹後にはこういう初期前方後円墳はまったく認められません。隣の丹波では、園部に黒田古墳という初期型式の前方後円墳がありますが、これは丹後からはかなり離れた地域です。丹後に初期前方後円墳がないのはなぜかが問題となります。

　丹後は、その直前まで独自性豊かな弥生文化を誇っていました。たとえば鉄の保有量などでいえば、大和の弥生集団をはるかにしのぐ力をもっていた地域でもあります。邪馬台女王連合の成立にあたって、もしかすると卑弥呼の勢力と敵対する関係にあった地域ではないかと考えられます。それが古墳時代に入る段階で遅れをとることになり、結局丹後は邪馬台女王連合にすぐには与しなかったのではないかと思われます。

　丹後の峰山町と弥栄町の境に太田南5号墳という、形は弥生の墓とほとんど変わりないのですが、古墳時代の前期初頭の小型古墳があります。図25を見れば弥生墳丘墓のあり方とあまり変わらないことがわかります。その中の5号墳の石棺の中から驚くべき鏡が出ました（図26）。青竜三年銘の方格規矩四神鏡といわれるもので、中国で漢から魏の時代に多く作られた鏡です。

　青竜3年というのは卑弥呼が魏に使いを出した景初3年（238）より少し前の年号ですが、これと同じ銘の方格規矩四神鏡が大阪府高槻市の安満宮山古墳から、いくつかの三角縁神獣鏡と一緒に出ています。安満宮山古墳も古墳時代初期の古墳ですが、これは淀川を見下ろす山の頂上

図25　太田南古墳群地形測量図

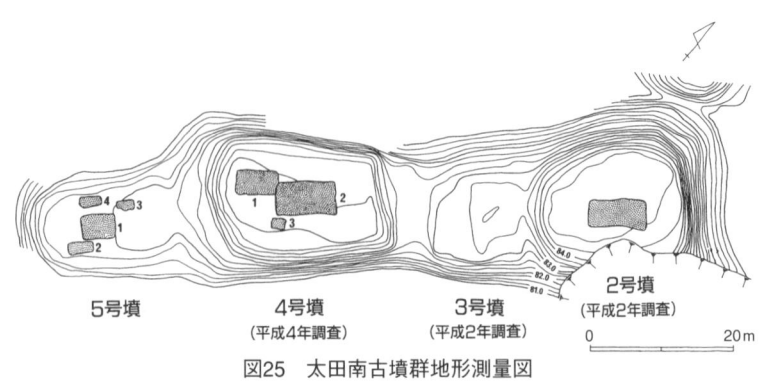

図26　方格規矩四神鏡（鏡背）（縮尺1／2）

付近を少し修飾しただけの小型の台状墓にすぎません。古墳時代に入ってはいるけれども、前方後円墳のようにはっきりした墳丘をもっていない、むしろ弥生墳墓的なあり方をした墓であって、しかも木棺を埋葬した長方形の土坑が深く垂直に近く掘られています。

　先に述べたように、こういう深い墓坑は丹後の弥生後期の墳丘墓の大きな特徴です。そして、この墓からも青竜三年銘の鏡が出ていることは注目されます。すなわち古墳時代に突入する前後、弥生の最末期頃に、丹後の影響力が畿内の北部、淀川流域にまで達していたことを示唆するからです。赤坂今井墳丘墓に象徴されるような、丹後の政治勢力の力が無視できない大きな広がりをもっていたことを示していると考えられます。

　古墳時代の前期は４期に細分できますが、その１期の大型前方後円墳とか前方後方墳は今のところ丹後地方では見つかっていません。丹後で大田南のような小さな古墳ではなく、大型の有力古墳が最初に現れるのは宮津湾の奥、天橋立の近くで、海に注ぐ野田川の中流域です。加悦町の白米山古墳がそれで、この大型の前方後円墳はまだ十分な調査がなされていないので断定はできませんが、この古墳が最古だろうといわれています。そしてその次の段階になると日本海沿岸で初の巨大古墳といっていい蛭子山古墳が築かれます（図27）。

　後円部墳頂の広い平坦面の真ん中に花崗岩で作った舟形石棺がが安置されていました（図28）。舟形石棺というのは全国的に見られるもので（図29）、おそらくその源流は九州ではないかと思われますが、古手のものは香川県に多く分布しています。日本海側では島根県の出雲地方と福井県の越前地方が舟形石棺の流行地です。蛭子山古墳の石棺は出雲や越前の舟形石棺よりも時期が遡るだけではなく、花崗岩という硬い石を使用しているのが大きな特徴です。

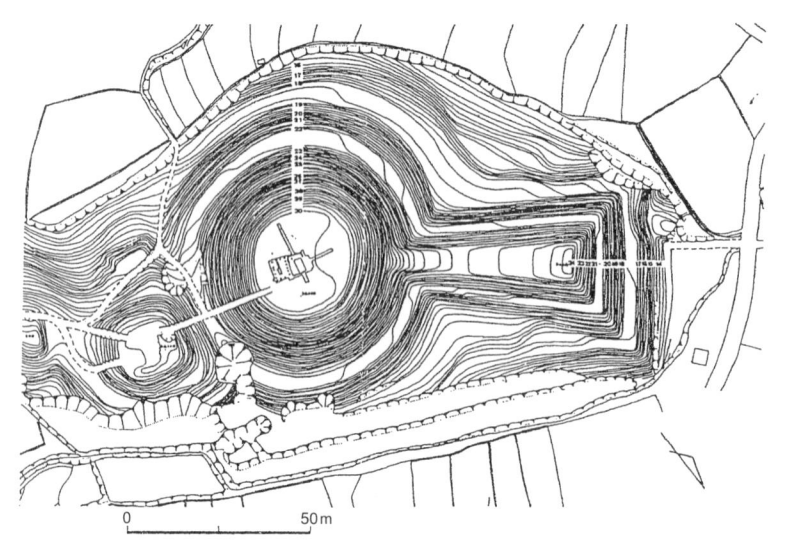

図27 蛭子山1号墳（出典：佐藤晃一「蛭子山古墳発掘調査概要」）

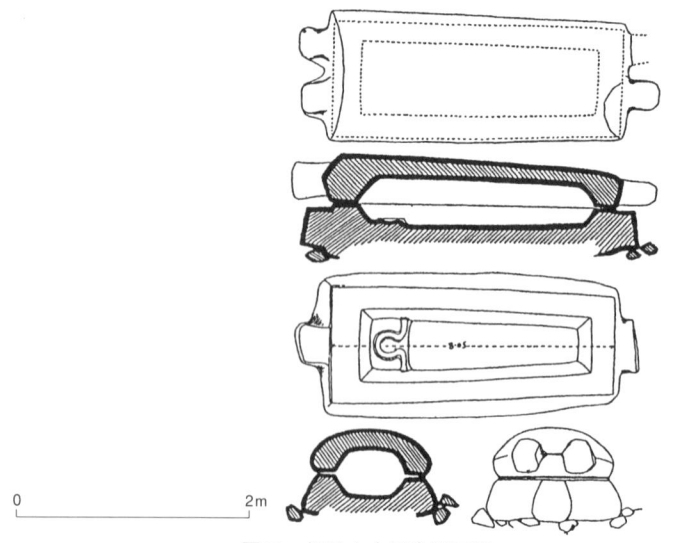

図28 蛭子山古墳舟形石棺

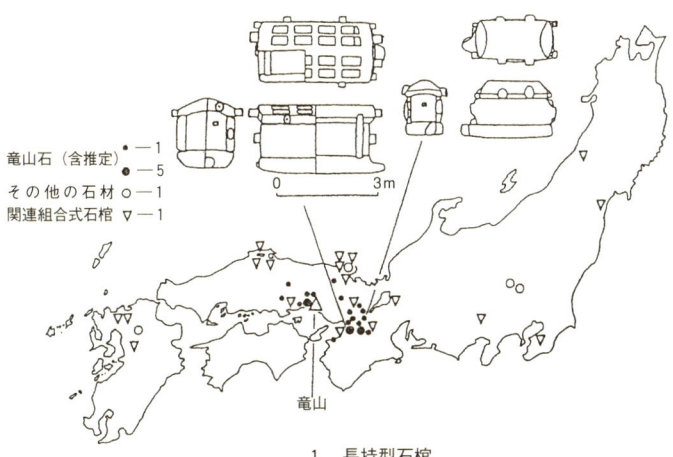

第 2 章 弥生・古墳時代前期の丹後地方 57

竜山石（含推定） ● — 1
　　　　　　　　● — 5
その他の石材 ○ — 1
関連組合式石棺 ▽ — 1

竜山

1．長持型石棺

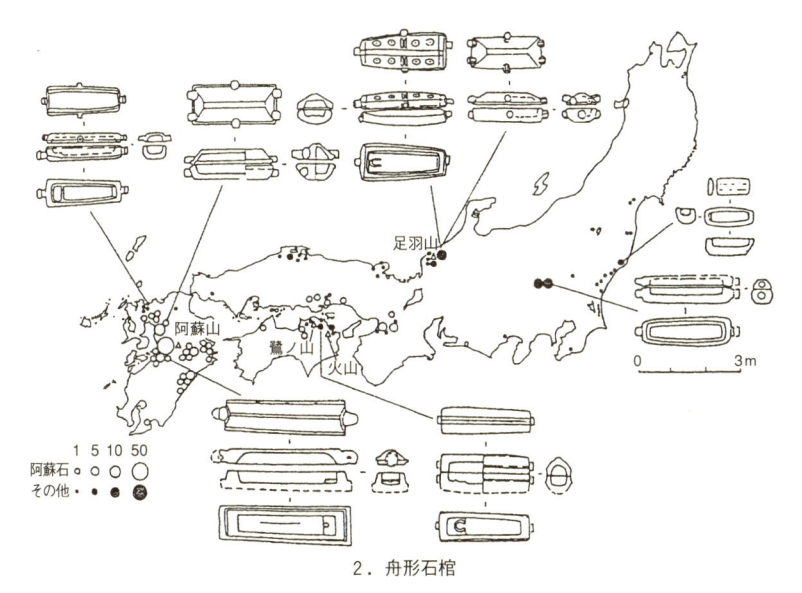

足羽山

阿蘇山　鷲ノ山
　　　　　火山

　1 5 10 50
阿蘇石 ○ ○ ○
その他 ・ ・ ●

2．舟形石棺

図29　長持形石棺と舟形石棺の分布

また、この蛭子山古墳の墳丘上には多数の埴輪が建てられていたことが調査で確かめられているほか、後円部頂上から前方部へ下がる際のところに一つ、大きな柱穴があり、門のようなものが建っていた痕跡が見つかっています。鳥居のような施設と思われますが、古墳に木製の構築物があることが知られた最初の例でもあります。

この蛭子山とは小さな谷を隔ててすぐ隣の狭い尾根の上に、中規模の王墓といっていい古墳が並んでいます（作山古墳群）。ここは前方後円墳、円墳、方墳などバラエティに富んだ古墳群で、丁寧に葺石を並べた古墳もあれば、葺石がまったくない古墳もあります。その中でも大きな作山1号墳は主墳であって、おそらく蛭子山古墳の後を継いだ王の墓だろうと推定されますが、この埋葬施設は板石を組み合わせた組合わせ式石棺に変わっています。

それよりも特徴的なのは、この作山古墳群の埴輪は丹後型埴輪といわれる他の地方には見られない特異なものだということです。図30に古い郵便ポストのような絵がありますが、これが丹後型埴輪です。普通の朝顔形埴輪は上部がラッパ状に開いていますが、この埴輪は開かずに閉じているのです。このような円筒埴輪は他の地方にはありません。これは丹後王国としての独自性を埴輪の形のうえで主張しているように思われますし、古墳時代に入って王墓が復活してから後も、丹後が一定の主体性を失わないでいた姿をうかがうことができるかと思います。

作山古墳群の大型古墳の周りには墳丘をまったくもたない土坑墓が集中して築かれています。類例が近年全国的に見つかっており、従属

図30　丹後型円筒埴輪
　　　（作山1号墳出土）

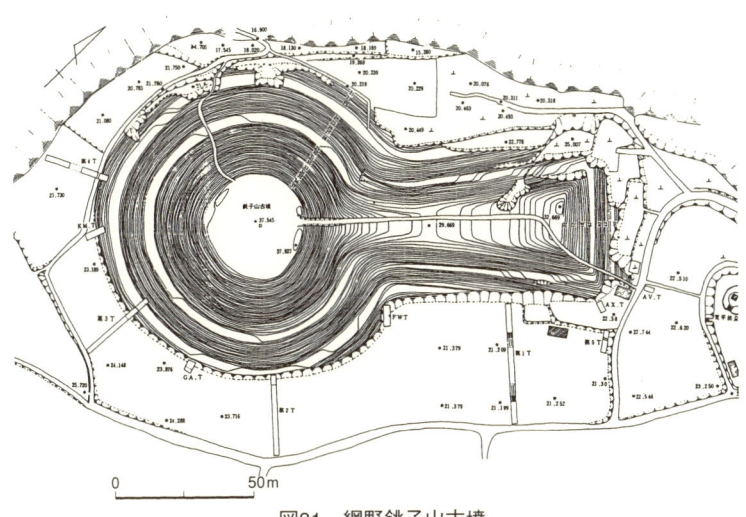

図31　網野銚子山古墳

埋葬といわれていますが、大きな古墳の麓にしばしば見られるというのは、その王に従属してきた人たちが死んでから後も生前と同じように王との人格的な依存関係を保ちたいと考える、そういう社会であったということだと思います。そうした古墳時代の人間関係を示すという点で重要なものといえます。

畿内政権への従属

　蛭子山古墳という日本海沿岸最初の巨大古墳は前期の3期まで遡ると考えられます。この古墳は少し山側に寄った場所にあるのですが、王墓は次の段階では日本海に直面する北部の沿岸に移動します。中でも網野町の網野銚子山古墳は、現在知られるところでは日本海地域で最大の巨大前方後円墳です（図31）。

　網野銚子山古墳頂上の平坦面に立って北側を望むと日本海が一望でき

ますが、その手前に網野町が広がっています。街が広がっているところは砂堆の上で、それから古墳までの間はあまり人家がないところがありますが、ここはかつて潟湖だったところです。

この網野町から海岸沿いに東にすすむと、竹野川を渡った左手の砂堆に弥生前期の竹野遺跡があり、その右手の山麓に神明山古墳があります（図32）。網野銚子山古墳よりわずかに小ぶりで、墳頂平坦面も狭い。しかし、日本海沿岸最大規模の古墳であることには変わりありません。銚子山古墳も神明山古墳もまだ埋葬施設等は未調査のままですが、見つかった埴輪から年代を判定すると、神明山古墳は銚子山古墳のあとをついで中期の初め頃に築かれた大古墳といえます。この神明山古墳の頂上から見た情景も、海に接して砂堆があり砂堆の裏に広く潟湖が広がっています。その潟湖はかつては古墳の麓近くまできていたに違いないと思われますが、日本海の主要な古墳がある重要な地点は、こうした潟湖の後方にあることがよくわかります。

神明山古墳から山の裾を東の方へ回りこむと、かつては大きな円墳であった名残をとどめる産土山古墳が、現在は神社の社になって半分壊れた姿で残っています。今から60年以上前に本社殿の建設工事に際してみごとな長持形石棺が発見されました。その棺の中には漆塗りの弓矢の実物が完形で残っていたり、葬られた人間の髪の毛まで残っていたようです。保存科学が十分に発達していない時代のことだったので、現在は髪の毛は残っていません。

長持形石棺は、古墳時代中期に畿内の大王たちの墓域であった大阪府の古市古墳群と百舌鳥古墳群の大古墳の埋葬施設に用いられている石棺です。産土山古墳の近辺には形がかなり崩れた退化形式の長持形石棺が他にもいくつか発見されています（図33）。天橋立に近い岩滝町の法王寺古墳も埋葬施設は長持形石棺だったようです。つまり、丹後は舟形石

第2章　弥生・古墳時代前期の丹後地方　61

図32　神明山古墳

産土山古墳　　　　　　　　　　　　　　　願興寺4号墳
　　　　　　　　　0　　　　　　2m　　　　（復元）
図33　丹後の長持形石棺

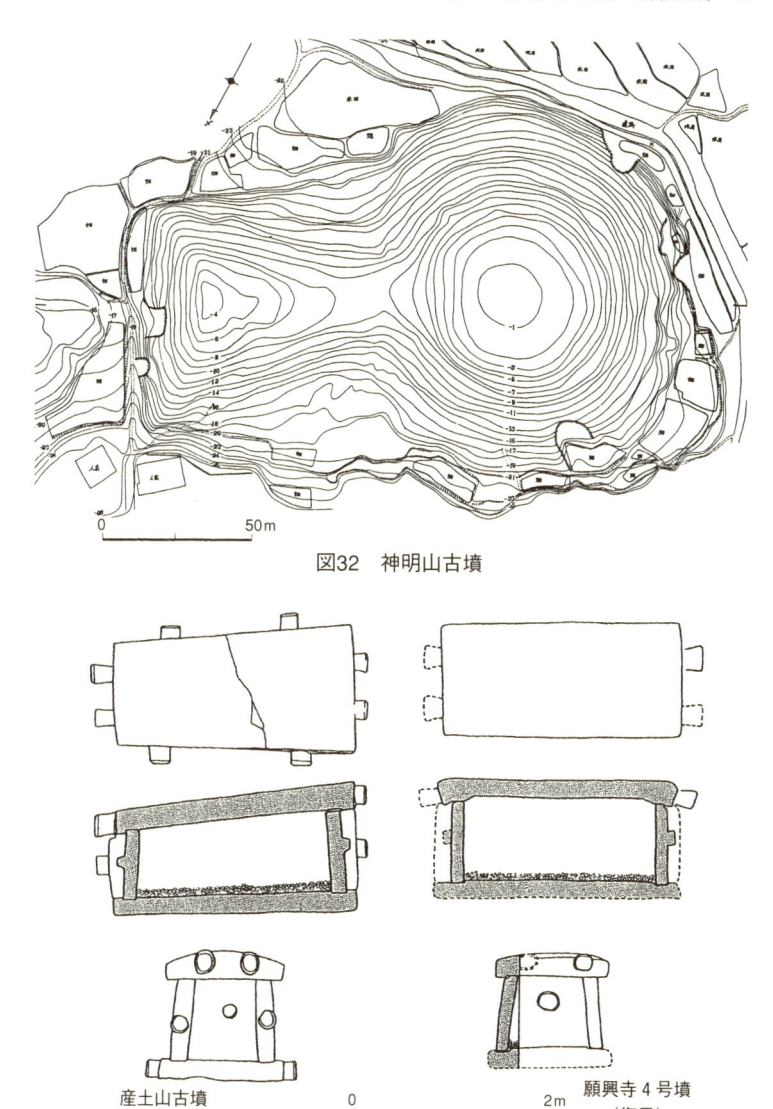

棺もあるけれども、次の段階では長持形石棺の分布地域になるということで、このことは軽視できません。神明山古墳を最後に丹後地方では巨大な前方後円墳は築かれなくなり、その1〜2世代後の首長墓である産土山古墳は格下の円墳に変わります。しかし、そうでありながら畿内の大王墳に準じた長持形石棺が導入されている。ということは、丹後の最高首長の立場に大きな変動があったことを示唆すると思います。

　すでに述べたように、丹後では大墳丘墓が普及した後、古墳時代前期前半の期間は大田南古墳群のような弥生台状墓の延長上にある小規模墳や中規模以下の前方後円墳しか見られない期間がしばらく続きますが、その後、前期の後半に入ると突然に先ほどの蛭子山古墳が出現します。その堂々とした外形は奈良県の前期の巨大大王墓に類似していて、大きさのうえでも肩を並べるものです。もちろん外形の細かい点では畿内の巨大古墳に見られない特徴も指摘でき、そこには日本海沿岸地方の文化の独自性がうかがえるのですが、畿内の巨大古墳をモデルとしなければ、けっして造りえなかったような古墳であることも明らかです。4世紀の後半から5世紀初まで、蛭子山、網野銚子山、神明山と続く巨大前方後円墳に葬られた人物は、まさに丹後の国王と称するにふさわしい、強力な専制君主であったに違いありません。

　畿内の大王墳は、古墳時代前期の前半が奈良盆地の東南部、大和古墳群地帯と呼ばれる場所に集中して築かれましたが、前期も後半に入ると墓域が奈良盆地の北の方の佐紀古墳群に移動します。この時点で畿内の大王権の担い手に変動があったのだと考えられます。

　佐紀古墳群の新しい政権は、各地の有力な首長と同盟を結ぶことによって、それらの首長を従属させてその上に立つ王権でした。丹後地方の王もまたその同盟に与したものであって、大和の大王の承認を受けて丹後地方での覇権を確立した。それが蛭子山の主であり、そしてその後を

継いだのが網野銚子山、さらに神明山古墳の主でしょう。これらは畿内政権と従属的な同盟関係をもつため、畿内の大王政権からさまざまな負担を課せられていただろうことは間違いありませんが、しかしこの段階では、畿内政権は丹後の内政にまで干渉するようなことはできなかった。あくまで丹後は独立した大国であったといえる段階だと考えられます。

　全国各地で出現し出した大型前方後円墳の中でも、丹後の三大前方後円墳は突出して巨大ですから、畿内の大王にほぼ匹敵する力をもっていた。大王にとっても丹後の勢力は、侮りがたかったに違いありません。丹後の王女の何人かは、畿内の大王の妃に迎えられていたかもしれない。

　しかし、畿内の大王権が変動すると地方も変動するということです。

　4世紀の末頃、大王の墓域は佐紀古墳群から大阪府の古市・百舌鳥古墳群に移ります。これは単に古墳を造る場所が変わったわけではなくて、またもや畿内の王権に変動があったのです。5世紀に入って最盛期を迎えた古市古墳群、百舌鳥古墳群に表徴される畿内王権は、朝鮮半島南部への軍事外交を強力に推進することによって、半島産の鉄を始めとする各種の産業技術を独占的に手に収め、強大な軍事力・経済力によって全国の王者たちを圧倒するに至ります。

　すでに4世紀から全国の王たちは畿内の大王への従属の結果、それぞれの地方の特産物を貢物として納めるとか、奈良・大阪にある大古墳の築造に人夫を提供するとか、朝鮮半島への出兵に軍事的負担をするといったことを義務づけられていたと思います。そして、その負担はしだいに強化されます。負担は民衆の肩にかかりましたから、地方の人たちの自分たちの王に対する不満が高まりました。権力が足元から崩れることを王たちは恐れます。地方の王者としての立場を何とか守っていこうとしたとき、彼らの選ぶべき道は二つあります。

　一つは大王への奉仕をより増大することで、大王の庇護のもとに自分

の権力を守っていこうという道です。この場合、具体的には自分の支配する土地の一部を大王の直轄領として献上するようなことをしなければならないわけで、独立した王者としての立場を失っていくことになります。

　もう一つの道は、一か八か大王と決戦を交えようという道です。この道を選んだ地方の王もかなりいたようで、5世紀後半から6世紀初めの時期に地方豪族の反乱記事が『日本書紀』にたくさん出てきます。

　しかし反乱を起こしても結局は負けて元も子もなくし、反乱を起こさない場合には畿内への従属性を強めねばならないということで、いずれにしても地方がしだいに力を失っていかざるをえないことになる。そこで産土山古墳が長持形石棺に変わったのは何を意味しているかです。一言でいうと、大前方後円墳を造っていた神明山古墳までの段階は文字どおり丹後の王者であったのが、産土山古墳造営以後はもはや畿内王権に従属し奉仕する地方の役人といった存在に変わったということです。すなわち、古墳時代の中期後半から後期に入って、県主とか国造という肩書きを得た地方の首長は、もはや独立性をもった君主ではなくて、いわば県知事、地方を治める地方官となったわけです。産土山古墳の長持形石棺は、丹後がそういう方向に進み始めたことを示していると思います。

　丹後の主体性を維持した最後の古墳は、竹野川の中流に位置する黒部の銚子山古墳といえます。これが丹後最後の大型前方後円墳（図34）と考えられるのですが、大型古墳の中でこの黒部銚子山古墳だけは古墳の表面に立て並べる埴輪が採集されていないため年代がはっきりわかりません。なぜ埴輪が見つからないのかについては、岡山県の例が参考になります。

　岡山県には、丹後と同じように三つの巨大な前方後円墳があります。

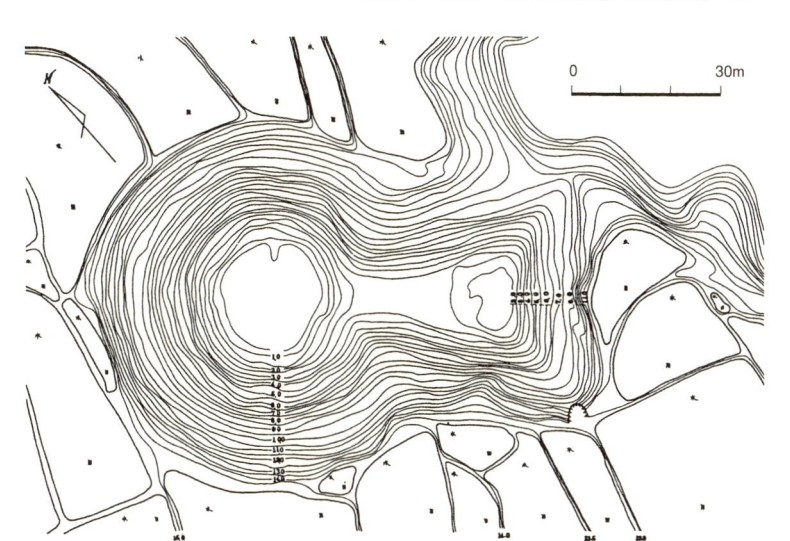

図34　黒部銚子山古墳（出典：音村政一「黒部銚子山古墳実測調査報告」）

丹後のものより時期が新しくいずれも中期古墳ですが、その中でももっとも時期が新しい両宮山古墳が、最近の調査で埴輪も葺石もまったくないことがわかったのです。こんな巨大古墳で埴輪も葺石もまったくないというのはどういうことなのか。結局、この両宮山古墳は造ることは造ったけれど埋葬がなかったということです。『日本書紀』には、古代吉備で3回にわたって大反乱が起こり、いずれも吉備の王が負けたという記事があります。両宮山古墳はこの反乱を起こした誰かの墓ではないかということなのです。こういう例もあるということです。

　そうすると、黒部の銚子山古墳は調査されていないため断言はできないのですが、そうした例の一つになる可能性もあると思われます。この古墳が海から遠ざかったひっそりとした山陰に築かれていることからいっても、落日が近づきつつあった時期の丹後の王の墓だったのではない

かという想像をしたくなります。

　11代天皇の垂仁天皇の皇后日葉酢媛命(ひばすひめのみこと)の出身地は丹波ということになっているので、先ほどの大前方後円墳と連想して考えてみたくなるのですが、垂仁天皇というのは実在したかどうかわからない天皇です。文献史学の研究者の中には、丹後でも西の方の熊野郡を注目している人もいます。熊野郡という所は前期や中期の古墳がなく、後期古墳が集中してあるところで、後期になって栄え出したようです。湯舟坂2号墳という立派な飾りのある環頭太刀が出ている古墳もあります。熊野郡は6世紀には丹後の中心になると主張する人がいて、垂仁天皇の皇后の話は6世紀の丹後の状況の中で生まれた神話であって史実ではないと古代史の研究者たちはいっています。

　丹後はそのように古墳時代中期まで独自性を強く発揮した地域です。

古墳時代の若狭

　若狭国は丹後国の東に接する小国で、西から東へ大飯(おおい)郡、遠敷(おにゅう)郡、三方(みかた)郡の3郡からなっていましたが、初めは大飯郡という郡はなくて、遠敷郡の西側がのちに一郡として分離して3郡になりました。三方郡の東が福井県の敦賀郡（現在は敦賀市）で、ここは昔から越前国の一部になっていますが、地形上は高い山によって越前平野の主要部とは隔てられているのに対して、若狭とは一連の地なので、福井県の人たちは敦賀と若狭をひっくるめて嶺南と呼びます。地理学的にはそのほうが自然です。

　その嶺南地方には、これまでのところ前期古墳の分布はあまり認められていません。若狭の三方町に松尾谷古墳という前方後方墳あるくらいで、明らかな前期古墳はごく少ない。これが若狭の特徴です。

　若狭はほとんどが入込みの激しいリアス式の海岸とそれに接する低い山からなり、広い平野はない地域ですが、その中では小浜湾に注ぐ北川

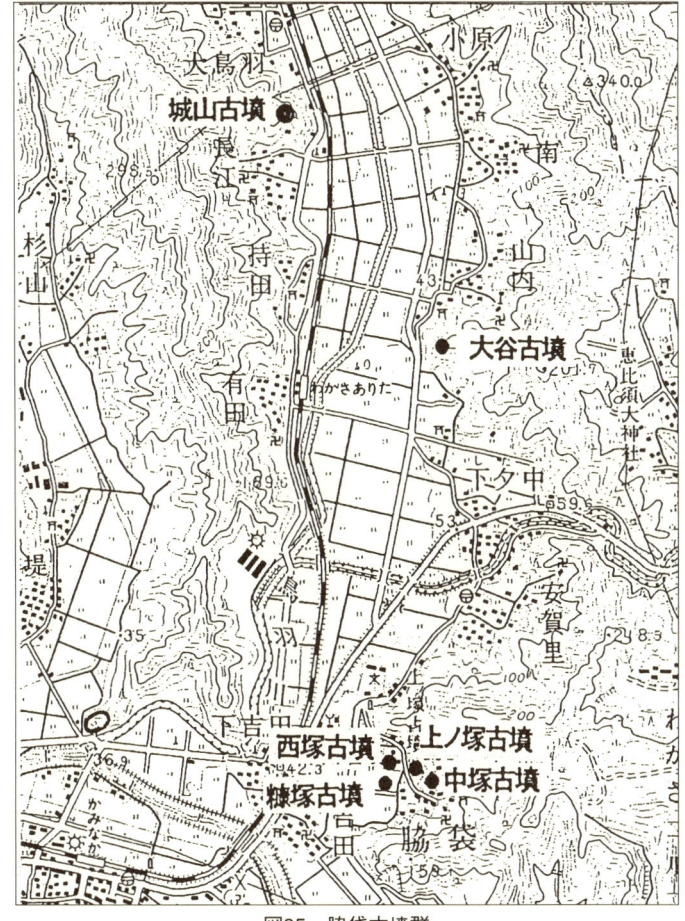

第 2 章　弥生・古墳時代前期の丹後地方　67

図35　脇袋古墳群

の流域だけがややまとまった平野地帯で、若狭の中期以後の主要古墳の大半はこの北川流域平野に集中しています。そして東から西へ、すなわち川の上流から下流へとしだいに大古墳を築造する場を変えていったようです。もっとも東にあるのが脇袋古墳群で（図35）、その中には中期

に遡る上ノ塚古墳という若狭で最大の前方後円墳があります。最大といっても丹後のような巨大な古墳ではなくて、100m級の全国各地に見られる規模のものです。さらに西塚古墳（図36）、中塚古墳という前方後円墳やその他の古墳がこの脇袋に集中して築かれています。

そのうち内部まで調査されているのは西塚古墳で、この古墳は発見された当時は竪穴式石室だといわれていましたが、再調査の結果竪穴式石室ではなく、一方に入り口をもつ一種の横穴式石室であることがわかりました。竪穴式石室とよく似た竪穴系横口式石室とでもいうべきもので、こういう石室は九州に比較的多く、あるいは朝鮮半島の伽耶地方にも特徴的に見られるものです。

脇袋古墳群から北川を挟んで対岸の山頂に向山1号墳という前方後円墳があります。この古墳の後円部の埋葬施設から、西塚古墳のものよりも古い時期の九州の影響を強く受けた横穴石室が見つかりました（図37）。変則的な横穴式石室ですが、この石室はこれまでのところ本州で確認された最古の横穴石室です。これより古い横穴石室は奈良や大阪にもありません。若狭の先進性、もしくは西とのつながりの深さを示す例といえます。

この向山1号墳から川を挟んで南に1kmくらいのところに十善の森古墳があります。ずんぐりむっくりとした前方後円墳ですが、これも埋葬施設は北部九州系の初期横穴石室で、築造年代は6世紀の初頭まで遡る古いものです。この古墳からは立派な王冠など、朝鮮半島から来たと思われる金銀製品をふんだんに用いた美術工芸品が多く出ています（図38）。

十善の森古墳のすぐ近くに丸山塚（図39）という巨大円墳がかつてあって、現在は削られてしまいましたが、調査時に撮られた石室の写真や図を見ると、九州型の横穴式石室ではなく畿内型の大型横穴石室によく

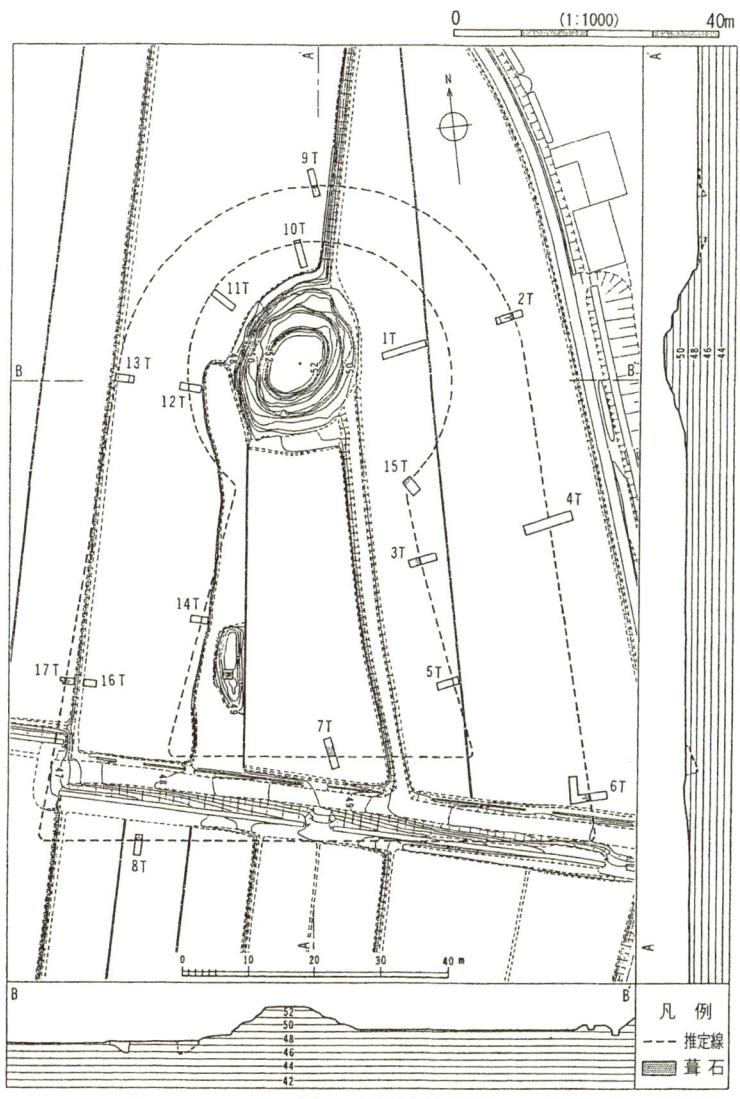

第2章 弥生・古墳時代前期の丹後地方 69

図36 西塚古墳

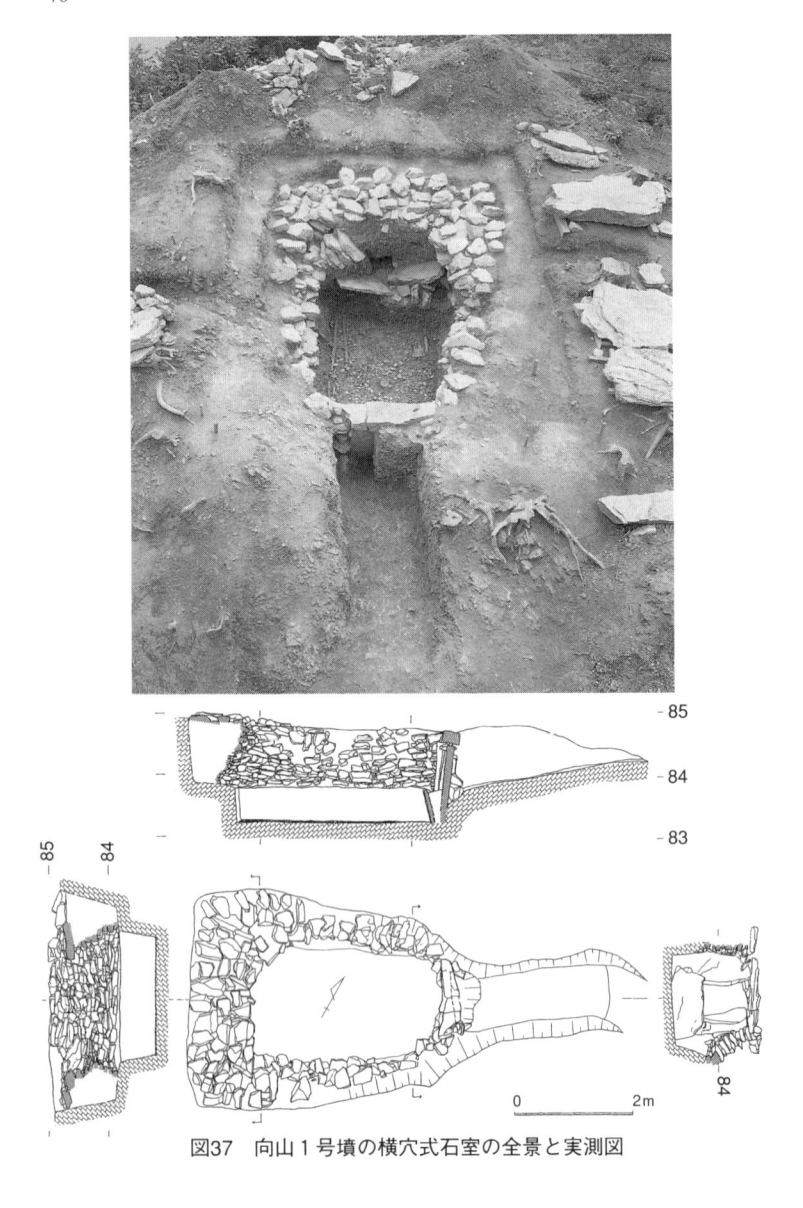

図37　向山1号墳の横穴式石室の全景と実測図

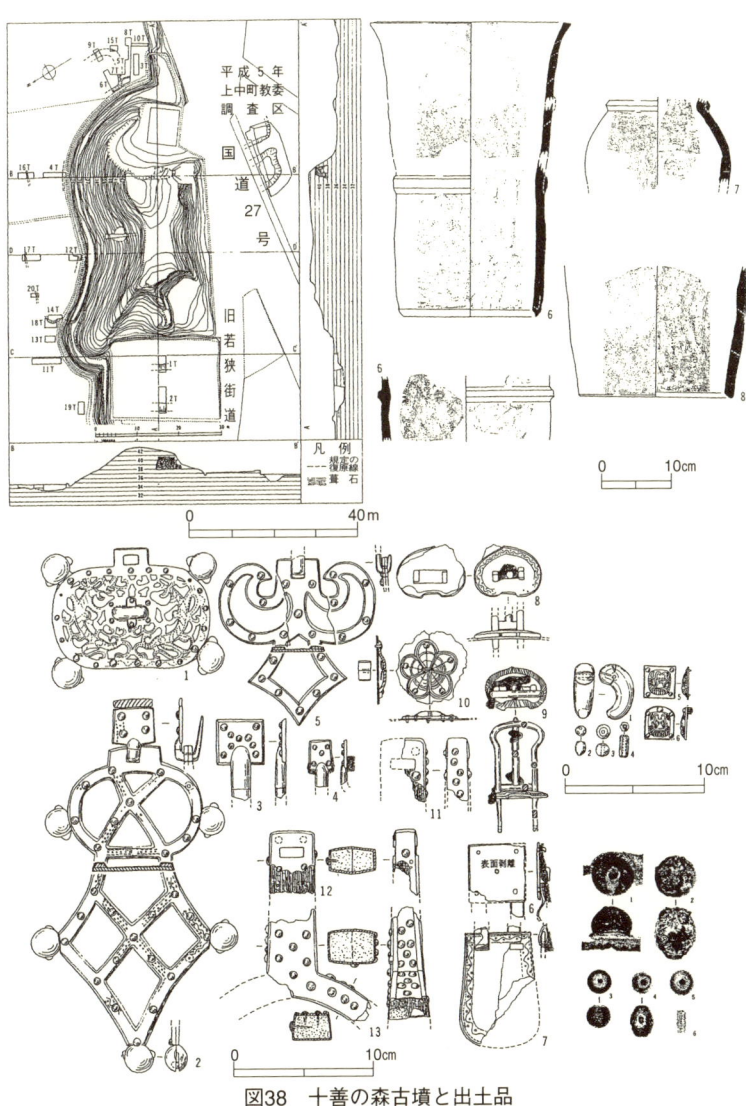

第2章 弥生・古墳時代前期の丹後地方 71

図38 十善の森古墳と出土品

図39 丸山塚古墳

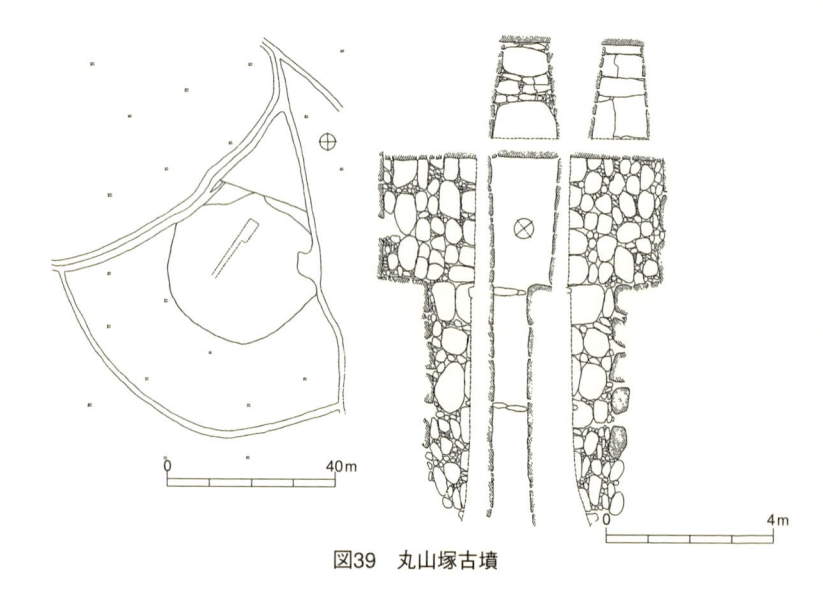

似ているので、この古墳に至って初めて畿内型の石室が導入されたことがわかります。

以上のこともやっぱり若狭の歴史を端的に物語っているといってよいでしょう。

結論からいうと、丹後が古墳時代中期の前半ぐらいで没落するのと交代するかのごとくに、若狭では中期から後期の初めにかけて、巨大古墳ではないが朝鮮半島文化の直輸入ともいえる埋葬施設を本州でもっとも早く導入するなど、きわめて先進的な文化を誇るわけです。立派な金属製品がこの時期の古墳から出るということは、この段階の若狭の首長たちは北部九州ばかりでなく、朝鮮半島と直接的な交流関係を緊密に結んでいたことを示しているわけです。

ところが、次の段階で前方後円墳ではなくて丸山塚古墳のような大円墳に代わり、また畿内型の横穴石室が導入されている。このことは若狭

地方の首長が丹後と同じように畿内に従属するようになり、力が衰えたことを示しているのかというと、そうではないようです。というのは、丸山塚古墳は後期前半の中頃、すなわち6世紀中頃の少し前ですが、この時期はきわめて重要なのです。それは越前出身といわれる継体天皇が登場する時期と一致するからです。

継体天皇については、越前ではなく近江の出身だとかさまざまな説がありますが、どれが正しいかはともかくとして、それ以前の畿内の大王とはまったく関係のない人物であったことは歴史的事実として認めていいでしょう。そして『日本書紀』の記述や古墳のあり方などから見て、5世紀末から6世紀の初めの段階に畿内の王権は弱体化していたと考えられますが、この頃に若狭は急激に成長してきたわけです。ですから、若狭の首長たちは畿内のほうを向いている必要がない。彼らは畿内ではなく、北部九州や韓国と直接交流していたに違いないのです。継体天皇という新たな大王は若狭出身というわけではありませんが、おそらく若狭湾を港としてもつ勢力を自分の勢力の中に組み込むことによって、国際外交の中で大きな力を発揮し、大きな富を築いていたと推定されます。

継体天皇は越前か近江に基盤があった人物に間違いないと思いますが、この勢力が新しい大王家を生み出していくうえで、若狭は決定的に重要な役割を果たしたのでしょうう。丸山塚古墳以後の段階は、そういう継体大王の就任以後の姿を示していると考えていいと思います。

そして、これ以後も若狭では北川流域を西のほうへ、小浜市の上船塚古墳、下船塚古墳、さらに白髪神社古墳というように、後期の中頃まで相次いで前方後円墳を造り続けます。すなわち、若狭の勢力は古墳時代中期に丹後にとって代わり、その中心地も後期の中頃には現在の小浜へ移ったと思われます。若狭のほぼ全域に横穴式石室をもつ後期の群集墳が数多く残っており、そして群集墳にしては副葬品が豊かだというのが

若狭の大きな特色です。

　たとえば、東の方の美浜町に獅子塚古墳という6世紀前期の小型の前方後円墳がありますが、この古墳は横穴式石室の壁全面に赤いベンガラが塗ってあり、豪華な副葬品が出ています。その中にあった大量の須恵器はすぐ近くに見つかった興道寺という窯跡で焼かれたもので、要するにこの古墳の主は自前で須恵器を生産することができたということです。そして、この獅子塚古墳と興道寺の窯の両方から、日本ではきわめてめずらしい角杯形の須恵器が出ています。これは北東アジアの騎馬民族が馬に乗りながら酒を飲む馬上杯ですが、日本ではほとんど流行していないものです。ということは、若狭の人たちが朝鮮半島を通じて北東アジアの文化を導入できる力をもっていたことを示しています。

　もう一つ若狭の重要性は、隣の石川県の能登地方と並んで日本海地方の中ではもっとも早く本格的な製塩業が興こったことです。若狭と能登では古墳時代中期の後半、すなわち5世紀の後半に塩作りが勃興します。若狭では大飯郡大飯町の浜禰遺跡と小浜市の阿納遺跡がもっとも古い製塩地域です。当時の製塩は、あらかじめ塩分を多くしておいた海水を専用の土器に入れて煮詰めて塩を作るというものですが、これは弥生時代の中期後半に瀬戸内海の児島あたりで開発され、弥生時代の後期から古墳時代の前期には大阪湾沿岸から和歌山付近まで移植され、さらにその技術が若狭にも入ってくるわけです。初期の浜禰遺跡の土器などは明らかに大阪湾から入ってきたと考えられます。つまり、畿内政権と直結した段階で若狭に製塩が入ってくるということです。

　若狭湾沿岸一帯には、以後平安時代中頃まで連綿として塩作りが盛んに行われていたことが考古学的に立証されています。平城京から、塩を若狭から送ったことを記した木簡がたくさん見つかっています。塩作りの民というのは海の民ですから、若狭は製塩ばかりでなく、海外交易と

か軍事などでも重要な役割を果たしていたに違いありません。

　若狭湾の製塩が最盛期に達するのは7世紀末から8世紀前半、すでに古墳時代は終った頃ですが、この段階では大型の土器に海水を入れて大規模な塩生産が行われました。さらに、その後平安時代になって若狭湾で発達した土器製塩が越後へも移植されますが、新潟平野の大藪遺跡から出土した製塩用の土器はそうしたことを物語っています。

第3章　弥生・古墳時代前期の越前・越中

弥生以前の北陸と稲作の開始

　古くは越といわれた北陸は、若狭・越前・加賀・能登・越中・越後・佐渡からなりますが、若狭は北陸というよりむしろ近畿の端に位置すると考えたほうがよく、すでに前章で触れられていますし、越後は次章で語られるので、いずれもこの章では省きます。

　北陸は弥生時代より以前の、縄文時代晩期の頃には東日本の強い影響下にありました。土器でいえば、大洞式とか亀ケ岡式といった東北系の文化色が強く出ている地域です。金沢市の新保本町にあるチカモリ遺跡（国史跡）とか能登半島尖端近くにある能登町真脇遺跡（国史跡）では、環状木柱列といわれる特殊な遺構があります。直径が80㎝から90㎝くらいの太さの栗の木を芯をはずして縦に3枚に割り、カマボコ形の2枚の板の弧となる面を内側に、平たい面を外に向けて円形に並べたものが見つかっています。地上7mくらいの高さの柱を建て並べたものと推測されていますが、柱で囲まれた内側には竈や炉の址がないので、これは住居の跡ではなく村人たちが何か呪的な儀式を行った場所だろうと思われます。

　縄文時代晩期をもって狩猟採集社会は終りを告げるわけですが、これは冷涼化が進むなど自然環境が変化し、狩猟の対象となる動物や採集植物がどんどん減ってきたことが原因であろうと考えられています。また縄文時代の晩期には、日本列島全体に土偶とか石冠といった用途不明な

石器（呪具類）が多く見られることから、呪的な祀りが多く行われた時代とされますが、食料となる動植物の減少がその理由であったと考えられるのです。そのようなことが後の稲作と関係するのかもしれません。

　稲作は9000年から1万年前に始まったとされます。それが長い期間かけて日本列島にも入ってきて、弥生時代の開始となるわけです。稲はもともとインド北方のアッサム地方から中国南方の雲南地方のあたりに自生していたようです。これはまだ栽培されていない水草のようなものですが、それが少しずつ人の生活の中に入り込んでくる。最初のうちは実も小さく主たる食料にはならなかったでしょうが、それが何千年もかかって、どうも長江の中流から下流にかけての地域で栽培されるようになる。栽培されるようになると、芒（ノゲ）という稲穂の上に生えているとげのような毛が短くなり、同時に米粒が大きくなった。さらに、原生種の間は他の植物の実と同様に成長すると種子（実）がひとりで落ちてしまうのですが、それだと一粒ずつ地面の上から米粒を拾わなければならないから栽培に不適です。自然にではなく人間の力で強制的に落とすようにしないと、食料にはならない。そうした改良が加えられ何千年もかかって主たる食料になっていったわけです。

　それが日本にいつ頃伝わったかですが、これまでは紀元前500〜300年とされていました。しかし、放射性炭素による年代測定法が改良された結果、最近はそれよりもさらに500年も遡るという説も発表されています。だとすると、紀元前1000年前というかなり早い段階で稲作が日本へ入ってきたことになります。

　農業を始めたということは食料を生産する時代に変わってきたということですから、社会そのものの仕組みも変わってくることになります。日本列島において、それが3000年前なのか2500年ほど前なのかはまだ確たる答えは出ていませんが、最近は海外でもその新しい方式で年代を測

定することが一般化しているようですから、将来的には3000年ほど前に主として朝鮮半島南部から北部九州に入ってきたというのが定説になる可能性があります。つまり、半島からかなりの数の稲作農耕民が北九州地方に移住したことになります。

　そのように北部九州に入ってきた稲作が、その後、瀬戸内海あるいは日本海沿岸を通り、越の地域へも伝わってくるわけですが、それが弥生時代の前期末か中期初め頃と考えられます。稲作には種籾や農耕具ばかりでなく暦の知識も必要です。また農業にまつわる信仰、すなわち後の春祭りや秋祭りの原型になるような原始的な農耕儀礼なども入ってきたかもしれません。もちろん大陸から神道のような形で入ってきたわけではなくて、外来の農事信仰とこれまでの縄文的信仰が結びつき影響し合う中で日本独特の原始信仰が生まれてきたのだと思いますが、そうしたもろもろの要素が鉄製や青銅製の金属器を伴ってセットとなって入ってきたと考えられます。

　加賀地方などで最初に使われた弥生土器は柴山出村式土器と呼ばれます。東北地方縄文晩期の大洞A′式の色彩を濃く残しています。そうした縄文と弥生の狭間にある土器には、たとえば東北地方南部の縄文土器にある工字文などがついているかと思えば、その一方で東海地方で作られる弥生土器の表面整形時につく条痕文のような模様がついています。そのような土器を使っていた人たちが完全な農耕民であったのかどうか疑問です。

　金沢市の矢木ジワリという弥生時代前期末の遺跡からは、柴山出村式土器とともに打製石斧や石鏃、またドングリ・トチなどの木の実を粉にする石皿や磨石といった縄文的な石器が出土しますので、弥生文化と接触しながらも、生活の中心はまだ稲作にはなかったのではないかと思われます。集落も小さく土器などの遺物の量も多くはないので、そこに水

田を構えた立派な農業が行われたとは思えません。

櫛描文土器の盛行と拠点的集落の出現

そうした時期の直後（中期前葉頃）に、櫛描文土器という新たな土器が使われるようになります（図40）。櫛のような歯のある道具で横へ線を引くと平行線になりますが、それをくねらせて引くと波形の文様（波状文）になり、回転させてると扇形の文様（扇状文）になる。あるいは手の力を弱めたり強めたりしながら引くと簾のような文様（簾状文）になる。そうした文様が弥生時代初期に近畿地方で盛行するのですが、それがまもなく越前や加賀・能登に入ってきます。北陸では小松式土器と呼んでいます。

この頃になるとしだいに集落の規模が大きくなってきます。それと同時に石皿とか磨石、凹石といった縄文的な石器が姿を消していきます。そして弥生時代の中期中葉頃になると、大きな集落が加賀に一つ、能登

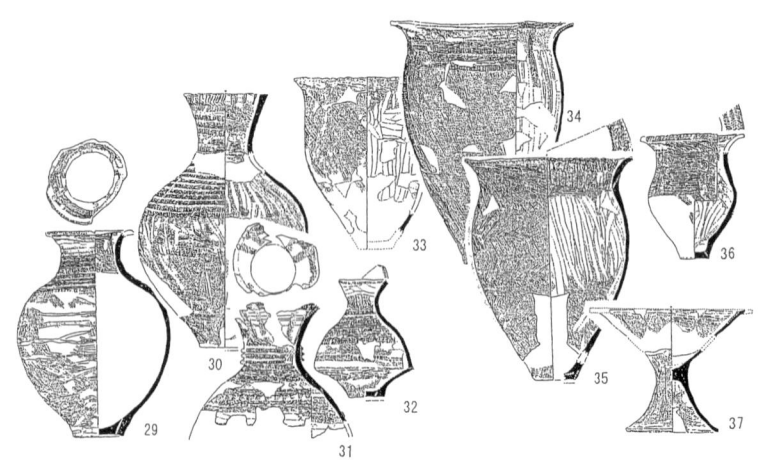

図40　櫛描文土器（福海貴子「小松市八日市市地方遺跡」より抜粋）

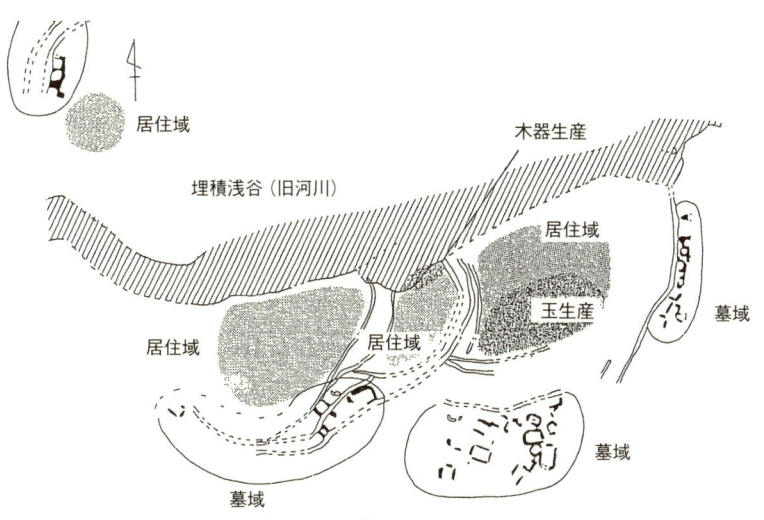

図41 八日市地方遺跡（福海貴子「小松市八日市市地方遺跡」より抜粋）

に一つくらい出現します。ある人はこれを弥生都市といったりしますが、そうした面積も広く戸数も人口も多い中核的・拠点的な集落ができる。その代表的な遺跡が小松市の八日市地方遺跡です（図41）。能登では半島基部の羽咋市吉崎次場遺跡（国史跡）が中核的集落だと思われます。

　そのような集落はかなり大きな遺跡で、環濠という大きな溝を村の周囲に巡らしています。おそらく防御用だろうと思いますが、防御用ではないという説もあります。というのは、ここでは周りの溝を掘った土を盛り上げた土塁が集落の外側にあるのですが、これでは攻めて来た敵が土塁の上から集落を見下ろす形になるわけで、あまり防御の役には立たない。だからこれは、村人が共働して溝を掘り土塁を積むという一つの作業を行うことで、一つのまとまった意識をもつようになる。そうした共同体としての意識を強めるために行った共同作業だっただろう、という考え方です。

あるいは先に述べた縄文時代の環状木柱列もそうした意味をもつものかもしれません。屋根とか床とか壁といったものとは関係なく、長野県の諏訪神社で御柱を立てる儀式のように、大きな木を運搬し立てることによって皆が心を一つにする。そういう意味のものだったのかもしれません。八日市地方遺跡は、旧河川に沿って居住域が並びそれに対応するように方形周溝墓などによる墓域が形成されています。また河川近くに木器類の制作地も発見されています。

八日市地方遺跡からはさまざまなものが出ています（図42・図43）。たとえば肩のところにぐるりと鹿の絵を一列にヘラ書きした土器があります。また胸のところにやはり鹿の絵を描いた小さな土偶もあります。鹿というのは単に狩猟対象とされた動物ではなくて、何か信仰的なもの、たとえば神に供える生け贄とする独特の獣だった可能性もあります。それから、瀬戸内とか近畿地方に多い分銅形の土製品や、鳥形の土器も出ています。管玉やその未成品・原石などもたくさん出ています。木製の箱の側板と思われる木版で万歳したり肩を怒らせた人物を線刻したも

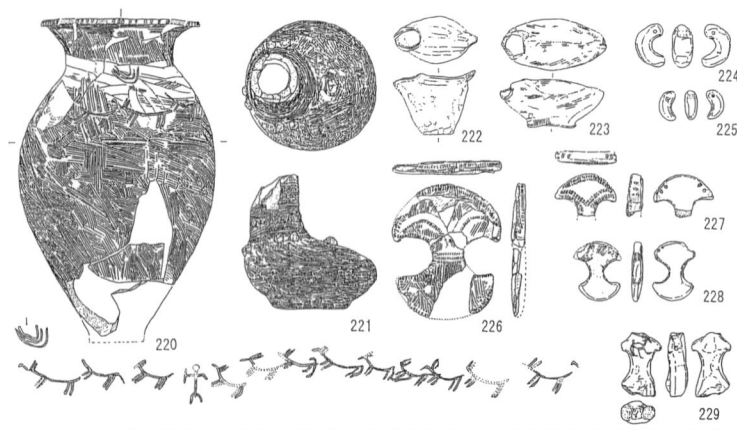

図42　八日市地方遺跡出土遺物（福海貴子「小松市八日市市地方遺跡」より抜粋）

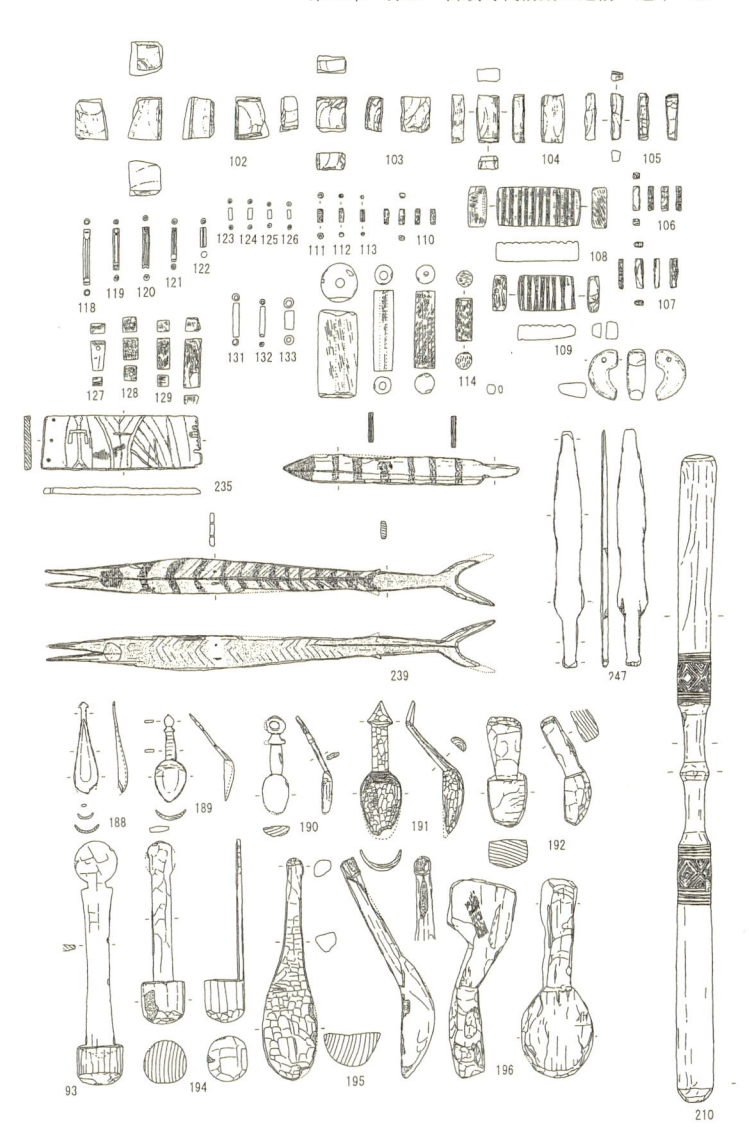

第3章 弥生・古墳時代前期の越前・越中 83

図43 八日市地方遺跡出土遺物(福海貴子「小松市八日市市地方遺跡」より抜粋)

の、60cmほどの木製の細長い魚で真ん中から上と下とに分けて染料で赤と黒の色をつけたもの（「だつ」という魚に似ている）、木でできたスプーンとかしゃもじ（杓）のようなものなどです。このスプーン形の木製品は精巧な作りで、鉄製の道具が弥生時代の中期頃には入ってきていることを示すものです。

　こうした遺物からは、この遺跡が木器・石器・管玉などの生産や流通あるいは信仰の中心であったことがうかがわれます。この大集落の周りには衛星都市のような小さな村の跡がいくつか見つかっていますので、これらの拠点的集落には政治的な力をもった首長がいて、そのあたり一帯を支配していたと思われます。

　八日市地方遺跡のもう一つの特色は、柴山・今江潟・木場潟という三つの潟（加賀三湖）に近いところにあることです。潟から川で海につながっていて、水運による交通に便利なところであるということです。同じように羽咋市の吉崎・次場遺跡も邑知潟という潟の近くで、そこから羽咋川を経て日本海につながっていますが、この遺跡もこうした拠点集落と考えられる遺跡です。北陸の拠点集落であるためには、河川や潟から海へ出るのに便利がいい地形が一つの条件だったかもしれません。

　越中では高岡市の石塚遺跡が拠点集落です。越前では武生市の瓜生助遺跡です。この遺跡は日野川（九頭竜川支流）の右岸にあるのですが、区画整理に伴う発掘の結果、やはり溝跡が出てきました。蛇行した川の一部と思われる遺構で、一部分しか掘っていないので環濠なのかどうかはわかりませんが、八日市地方遺跡の環濠も同じように自然の川が流れているところを少し削って加工し、深みをもたせて溝にしているので、同じようなものだったのではないか。それからこの遺跡では方形周溝墓が8基と、北陸で中期から後期にかけて盛行する平地式住居の跡も発見されているので、拠点的な集落であった可能性は大いにあります。

新潟県では能登の土器と良く似た櫛描文土器が海岸沿いに多く出土しますが、これはおそらく能登や越中から海路を経て伝わってきたと思われます。土器は必ず人間と一緒にやってくるわけで、どれくらいの人間がやって来たかはわかりませんが、時には集団で新天地を求めてやってきたと思います。新潟県は河川や潟湖・低湿地が多いですが、潟の周辺はとくに水利がいいので、稲作を受け入れるには条件が良かったと思います。

方形周溝墓と四隅突出型墳丘墓

　弥生時代後期になると、北陸では山陰や丹後地方からの影響を受けて、凹線文土器という口縁部に横の平行線が入った土器が流行ってきます。加賀地方では戸水式という土器が古墳時代になる頃まで残りますが、そういうものが入って来る段階になると、いろいろなことが起こってきます。一つは方形周溝墓です。武生の瓜生助遺跡は中期から後期にまたがる遺跡ですが、方形周溝墓はどちらかというと後期の段階のものが多いようです。方形周溝墓というのは、弥生時代になると伸展葬といって遺体を真っ直ぐ伸ばして横たえ、その周りに溝を掘って区画をするわけですが、一人の人間を納めるのに5×5mとか4×4mの溝を掘って画した大きな墓です。

　それから、山陰に特有の四隅突出型墳丘墓が北陸にも入ってきます。方形の墳丘の四隅に突出部を張り出させた山陰地方独特の首長層の墳墓です。墳丘や突出部の斜面には石が貼りつけられています。まず越前では福井市の小羽山遺跡（図44）。ただし、これは山陰のように裾に向かう斜面に石を貼りつけてはありません。それから加賀では白山市の一塚遺跡（図45）。これは平地に築かれた四隅突出型墳丘墓で、丘陵や台地の上に築かれている他のものとは異なっています。越中では富山市杉谷

図44　小羽山遺跡群の四隅突出型墳丘墓（古川登「3世紀の越の四隅突出形墳丘墓」）

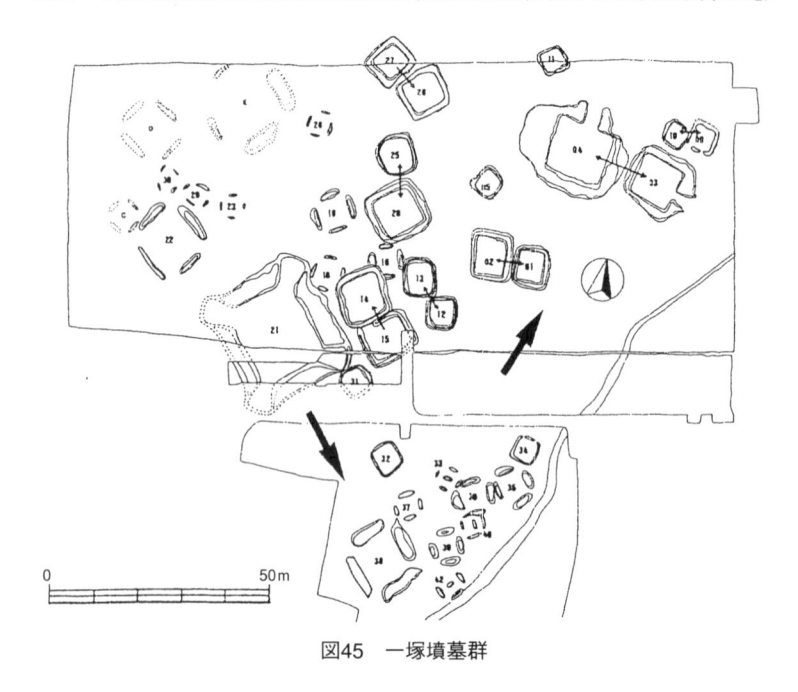

図45　一塚墳墓群

4号墓が最初の発見例で、近年、旧婦中町で富崎1号や六治古塚などかなりの事例が発見されています。山陰の勢力が来て直接影響を与えたのは越前だけで、東寄りの加賀や越中へは越前からの影響で広がったのだという説もありますが、はたしてどうでしょうか。墓というものは今でもそうですが、ある程度伝統を重んずるものですから、流行だからといって山陰の墓の様式が人の動きなしでそのままの形で入ってくるとは考えられない。やはり出雲と近い関係にある親出雲勢力というべき集団が、この時期に何らかの目的をもって北陸に進出してきたのではないかと思います。

能登には、今のところ四隅突出は見つかっていません。ただ、津幡町の七野遺跡に弥生時代後期の方墳がたくさんある中の一つに、周囲に溝がめぐらないで四隅が少し伸びているものがあるので、あるいは四隅突出型となる可能性があります。

方形周溝墓は周囲を溝で画して一つの墓域にしたものですが、四隅突出型墳丘墓の始まりは、この周囲を画した溝の四隅に掘り残した墓道、つまり墓への出入り口を誇張するように盛った参道だったのかもしれません。こうした墓は最終的には一人の人物を葬るようになりますが、ある段階までは首長だけでなく家族など複数の木棺などが埋められており、その墓に、今でいう法事のような儀礼でお参りに入って行くとき、溝をまたがないでも入れるようにする必要があった。その墓道となるところが1ヵ所だった場合、その墓道が少しずつ伸びてきて、それが前方後方墳の前方部の形になったのではないか。だから初期のものは前方部が細いのです。たとえば石川県七尾市（旧田鶴浜町）の垣吉B支群で発見された小型の方形周溝墓では前方部の前端のところの溝は掘られていません（図46）。石川県かほく市（旧宇の気町）で発見された塚越1号墳も前方部のところに溝ができる前の形になっています（図47）。弥生

前方部と後方部の比 1：2

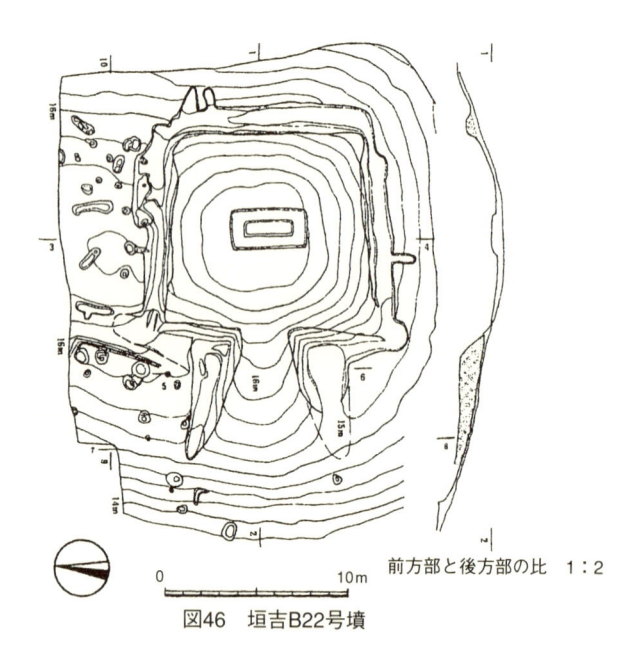

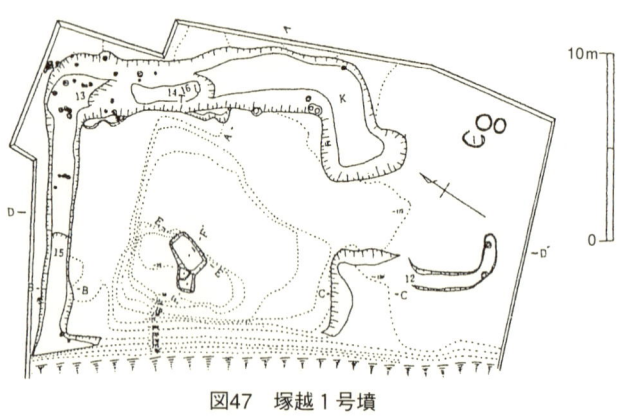

図46 垣吉B22号墳

図47 塚越1号墳

時代の終り頃にこういう形ができて、後にその墓道にあたるところで祭りをするようになった、ということかもしれません。

大和のほうで大王墓などとして前方後円墳が築かれた頃、加賀地方などでも墳丘がしだいに大きくなると同時に、平地から台地・丘陵の方に上がってくるのです。津幡町の北中条遺跡は平地より少し高みになるところですが、ここでは木槨墓と思われる遺構が発見されました。木槨というのは、棺を土に直接埋めるのではなくて棺を保護するための木の囲いを周りに施すものです。中国の王墓では棺を槨で囲い、さらにそれを保護するための室、つまり石室とか木室が造られます。北中条遺跡では棺の周りに木槨の痕跡が残っており、排水のための溝まで設けているのです。これは木槨墓としては北陸では初のもので、出土する土器から見て弥生末期のものといえるようです。もしかすると対岸の朝鮮半島から日本海を渡ってやってきた人物の墳墓かもしれません。

——余談ですが、小松市の「こまつ」は高麗から人がやってきて着いた港で、だから「高麗の津」だという考え方もあるようです（森浩一氏談）。

高地性集落の出現

邪馬台国の卑弥呼が倭国の女王に共立されたのは188年、2世紀の終わり頃ですから、亡くなるのは3世紀の中頃ということになります。その前後に「倭国大いに乱れる」と中国の史書（「魏志倭人伝」）にあるように、全国的に戦乱が広がってくる。あるいは戦いの準備のために緊張感が広がったのかもしれませんが、そういう時期があったわけです。それに即応して生まれてくるのが西日本を中心に各地でたくさん見つかっている高地性集落です。古墳が出現する前夜のことです。

北陸の場合それとほぼ前後して、50～60mから百数十メートルの高さ

の山の尾根や台地上に集落がおかれるわけです。これは不思議なことです。水田が開かれている平地から離れると稲を作りにくいわけですが、そのような高所へ村を移しているのです。大きくはないけれども竪穴式住居を伴った集落があって、その周りの中腹に断面がＶの字形になるような深い環濠を掘っているものが現れたのです。それが高地性集落というわけです。その出現がどうも２世紀の後半くらい、倭国が大いに乱れた時期ということになります。

次章に北陸地方で発見された高地性集落の表があります（p.107）。また図48と図49は西日本各地の高地性集落の大まかな分布図で、第一次は櫛描文土器、すなわち弥生中期の高地性集落、北陸では能登邑知地溝帯の中ほどにある中能登町杉谷チャノバタケ遺跡だけがマークされ、北陸最古段階の高地性集落だったことが示されています。第二次はその後の凹線文土器に変わった時期です。第二次には新潟平野あたりまで広がっていることがわかります。

石川県かほく市の鉢伏茶臼山遺跡（図50）は北陸で最初に確認された高地性集落遺跡で、標高約60ｍの狭い尾根筋に数十棟の竪穴住居が見つかりました。

加賀で確認されている高地性集落は小松市の河田山遺跡です。この遺跡にはかつては古墳がたくさん残されていて（今はほとんどが整地されて前期の前方後方墳が１基だけ残っているだけ）、そのうちの２基の横穴式石室の天井はアーチ型でしたが、これは朝鮮系の墳墓の影響かと思われます。それでこの河田山遺跡で古墳を調査したとき、山の中腹の斜面を掘ったところ断面がＶ字形になるような空堀が見つかりました。

中能登町の杉谷チャノバタケ遺跡（図51）は弥生中期の段階で出現した、北陸では例外的に古い初期段階で営まれた高地性集落です。Ａ・Ｂ・Ｃの３地区に分かれ、一つの尾根筋から斜面にかけて、もっとも高

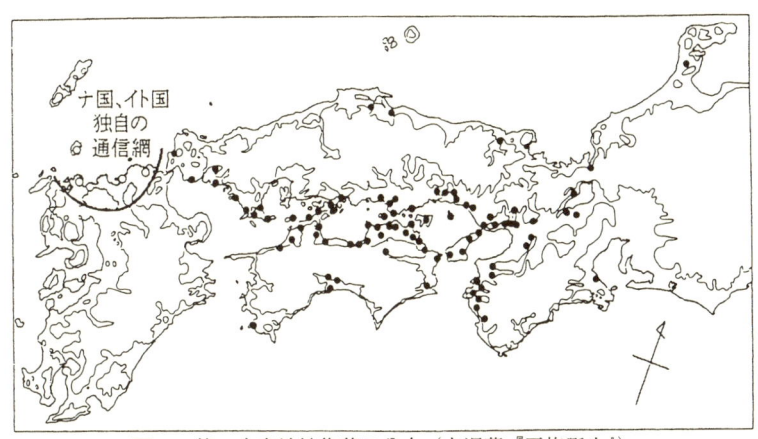

図48　第一次高地性集落の分布（寺沢薫『王権誕生』）

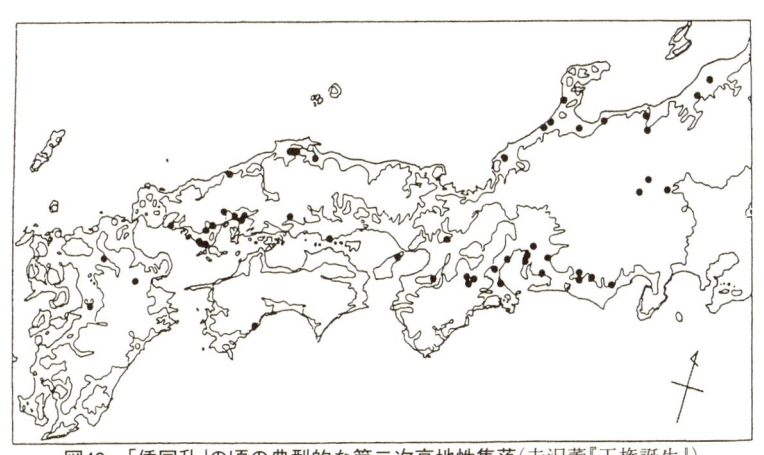

図49　「倭国乱」の頃の典型的な第二次高地性集落（寺沢薫『王権誕生』）

いところは110mほど、低いところは50〜60mという高さにあって、その中間には溝をもたない集落群があります。断面がV字形の空堀がめぐらされており、簡単には飛び越えられない幅で、溝に落ちたら自力では登れないほど切り立っています。防御用として充分に機能したと思われ

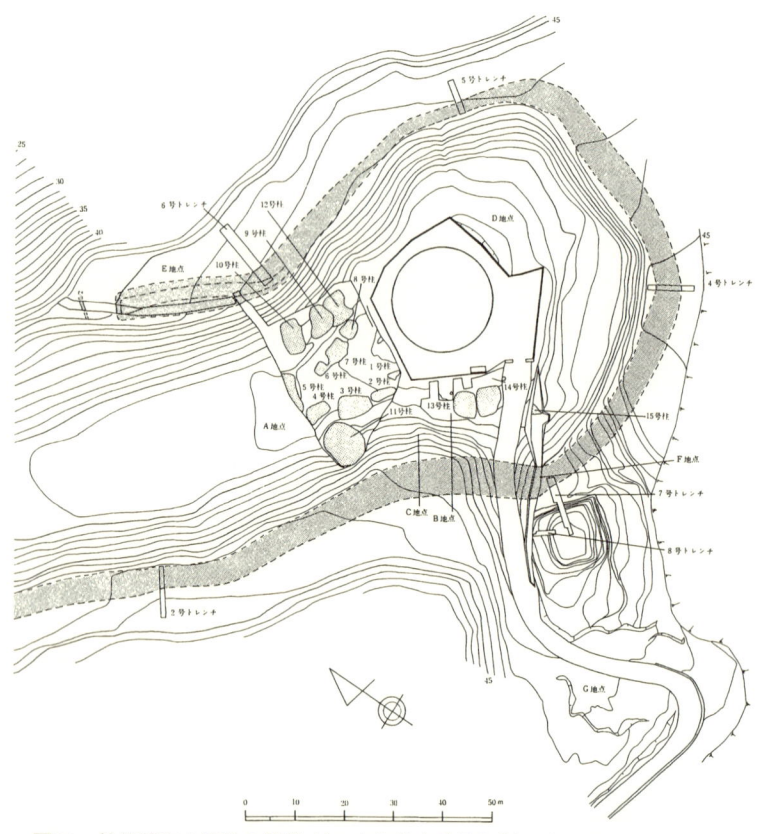

図50　鉢伏茶臼山遺跡の遺構（宇ノ気町教育委員会『宇ノ気町鉢伏茶臼山遺跡』）

る堀が周りを取り囲んでいるわけです。

　この遺跡から出た二つの土器は北陸の土器ではなく、天王山式土器といって、福島県あたりを中心に広がっている後期の弥生土器です。胴体に縄文を施して弓なりの文様をつけてあります。器形のわかるのはこの2個体だけですが、破片を数えると十数個体分もあります。これは、誰かがこの土器をもってこの高地性集落やってきたのだと思われますが、

図51 杉谷チャノバタケ遺跡

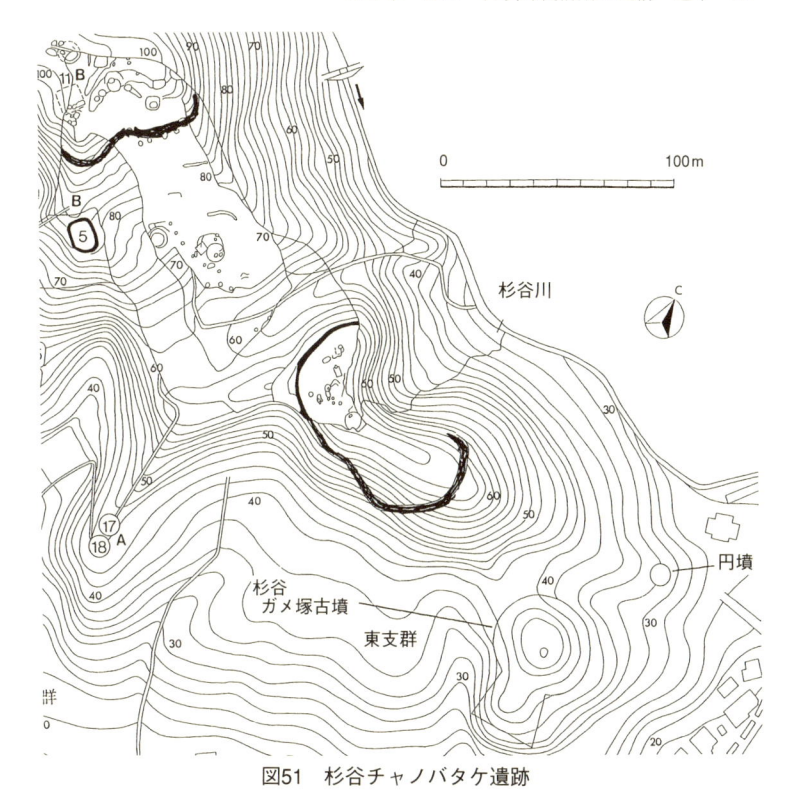

福島県を中心に使われた土器が能登半島へやってきたということは、おそらく新潟平野あたりから土器を携えた小集団がこの北陸最古の山城へきているのだろうと思うのです。

これはどういうことを意味するのか。たとえば保存運動が起こったことで有名になった新潟県の高地性集落である裏山遺跡は、どこから攻めてくるのに備えて造られのかといえば、蝦夷地に対してではありえないと思います。やはり大和勢力が政権を確立し、版図を東へ広げるために攻めてくるのに対してだろうと考えられます。大和中心をもつ大きな勢

力が新潟平野にまで勢力を伸ばし、支配下に組み入れようとして攻勢をかけたものと考えられます。つまり軍事的に圧力をかけてくる。地域に根ざしていた人々にとって簡単に軍門に降るわけにはいかないから、自分たちの支配権を守るために畿内政権による搾取を恐れたからではないでしょうか。地元生え抜きの勢力が点々と山城を造ったのではないかと思います。

その北陸でもっとも早く高地性集落を築いたのが杉谷チャノバタケ遺跡で、そこに新潟あたりからやってきた一団の人たちが入っている。ということは、新潟の人たちも大和政権の進出を能登あたりでくい止めないと、自分たちも危ないという危機感があったのかもしれません。能登の人たちが援軍を求めたのかもしれませんが、越後など東国地域からの救援部隊であった可能性はあります。その後、新潟平野まで高地性集落ができますが、まもなくそれらの山城は放棄されます。防御施設としての役割を終えたということです。守らなければならない緊張感がなくなったということは、要するに大和の王権に屈服してしまったわけです。

加賀や越前にはあまり高地性集落がないのは、古くから玉作りが盛んだったことと関連するかもしれません。この地方では弥生から古墳時代にかけて、玉類のほかに前期古墳に納められている鍬形石・車輪石・石釧などの石製腕飾類などさまざまな碧玉製品を専門に作っていましたが、これらの石製品は権力を象徴するものであり憧憬の対象であって、弥生時代の中頃からすでに大和の勢力はこれに目をつけていた。それでこの地域とは交易などによって結びついていたということが考えられます。

それから、大和の王権が日本海側を東方に向かって進んでいこうとしたとき、能登半島の西側から半島の沖合いを通ってやってくると、かなり大回りになる。それに対して東側から海に出れば、ずっと近道です。

能登半島中程にある七尾湾は風の強い季節でもそんなに波が立たない静かな入り江で、しかも低い丘陵で覆われているので、造船用木材が手に入りやすい。だから古くから造船が盛んだったようで、船を作るということも進出基地に適していた。そういうことで、東方への進出を目指した大和勢力は、早い段階で能登七尾湾（香嶋津）を利用して海路を東へ向かったと思われます。このコースは軍事的な要因だけでなく、文化そのものの東への伝播コースともなっていたと思われます。

古墳の出現

　古墳時代の加賀・能登や越後は、かなり遅くまで前方後方墳が多く残り、大王墓と同形の前方後円墳の築造は遅れます。一方、前方後方墳、すなわち四角い系統の墳墓は弥生時代の方形周溝墓の流れを汲むものであり、在地の豪族の墓ですから大きいものも造られます。北陸でもっとも大きい前方後方墳は富山県氷見市の柳田布尾山古墳（図52）で、全長107mあり、内部主体は盗掘されていて副葬品などの全貌はわかりませんが、古い形をした古墳です。

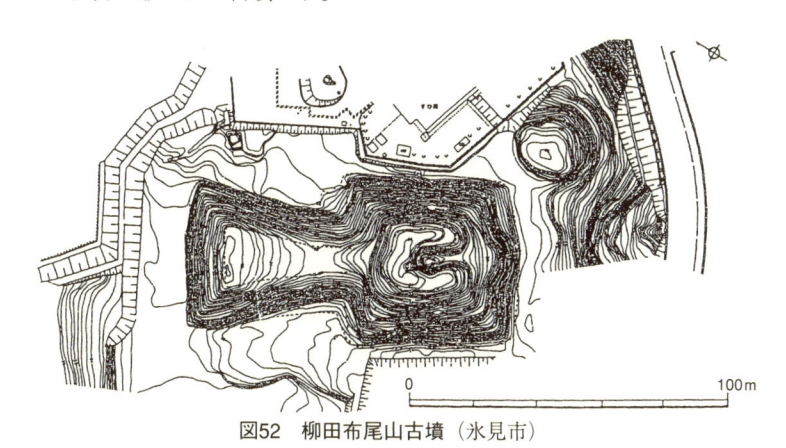

図52　柳田布尾山古墳（氷見市）

この後、石川県の方でも古墳らしい古墳として現れるのはやはり4世紀中頃の七尾市の国分尼塚1号墳とか、ちょっと遅れて中能登町の雨の宮1号墳です。雨の宮1号墳（図53）は標高180mという高いところにあって、葺石をもった二段築成の立派な古墳です。この二つの古墳からは青銅製の鏃が50本以上も出ていますが、全国的にもめずらしい例です。そのほかに鉄製の鏃もありますから、100本以上の鏃が出ているわけです。雨の宮1号墳では短甲という古い鎧も出ています。

　このように、まず在地の豪族が造った前方後方墳が現われ、それに一歩遅れて小さな前方後円墳が出てくるわけです。加賀市の分校高山古墳や分校カン山1号墳（図54）が最初に現れます。いずれも全長36mほどの前方後円墳ですが、これは越前から加賀へ山を越えて入ってきた場所にあります。それから能登に宝達志水町の宿東山古墳があります。これもあまり大きくない前方後円墳です。これは能登の入り口にあたります。分山高山古墳は加賀の入り口、もう一つは能登の入り口にあり、分校カン山古墳と宿東山古墳に共通することは、方格規矩四神鏡という後漢の時代の舶載の銅鏡が出ていることです。加賀・能登のもっとも西寄

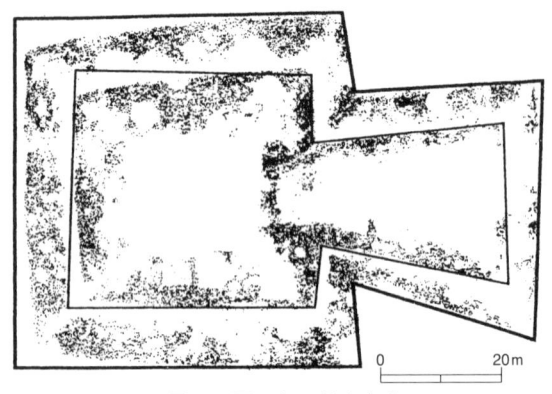

図53　雨の宮1号墳墳丘

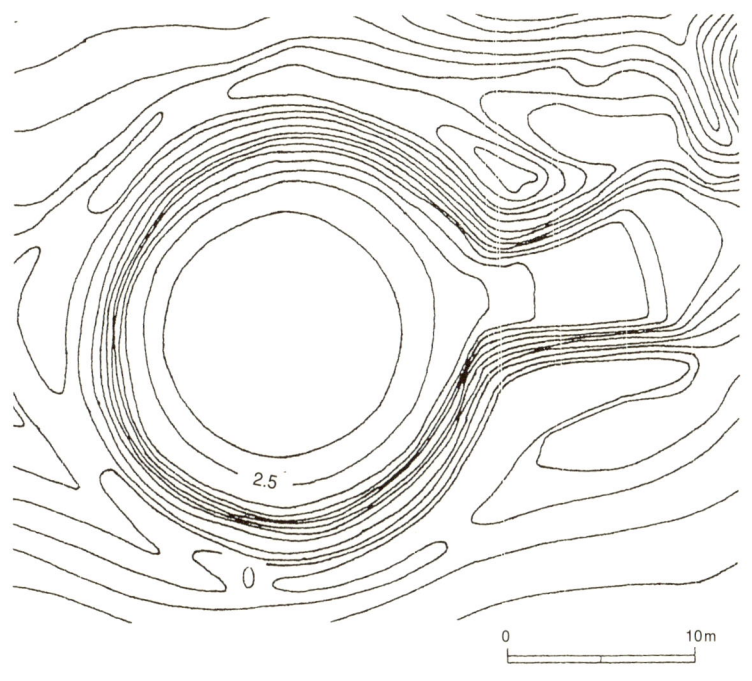

第3章　弥生・古墳時代前期の越前・越中　97

図54　分校カン山1号墳

りに古式の前方後円墳が出現することに、畿内政権の意図するところが表れているように思われます。つまり加賀と能登や越中の完全支配です。

　4世紀の中頃から後半にかけては、加賀・能登・越中を含めて前方後円墳と前方後方墳という二つの墳形が併存するわけです。たとえば雨宮古墳群では1号墳は前方後方墳ですが、隣にある2号墳は前方後円墳です。要するに大和王権系の豪族と地元生え抜きの豪族が並び立っているわけです。

　雨の宮古墳群と邑知地溝帯を挟んで向かい側に親王塚と亀塚という二基の古い古墳があります。親王塚古墳は直径が60mもあるような北陸で

は最大級の円墳で、ことによると帆立貝形古墳かもしれません。亀塚古墳は前方後方墳です（親王塚は崇神天皇の第七皇子が能登へ来て、あそこで亡くなった「大入杵命」の墓として宮内庁が管理する陵墓になっており、亀塚も陵墓参考地になっているので、2基とも調査の対象とすることはできない）。両古墳は造り方（墳形）が違い、おそらく前方後方墳が先行し、一時期遅れて円系の古墳が築かれて両立するわけで、これは仲良く交代したのか、緊張をもちながら交代したのかわかりませんが、政権の交代を示しているといえます。つまり4世紀後半頃に在地系豪族から畿内系豪族へ転換したということです。

　越前は大きな古墳がたくさんある地域で、越前平野の古墳群の分布（図55）を見ると、大きな前方後円墳としては松岡古墳群と丸岡古墳群があり、九頭竜川を挟んで高い丘陵の上に築かれています。それともう一つは九頭竜川の河口のところにある福井市免鳥古墳群の長山古墳（図56）です。これは、短い帆立貝形の古墳に作り出しが二つ対称的に取りついた特殊な形をした古墳で、未盗掘だったので葺き石と墳頂の埴輪列がきれいに残っており、かなりの副葬品が出ました。この三つの古墳群の主は越前平野を交代で治めた大首長であったのではないかと思われます。この大首長の下に小さな豪族がいたわけです。越前平野にもいくつか古墳群がありますが、そこでは前方後円墳は見つかっていません。

　福井市の足羽山では笏谷石（越前石ともいう）という少し青みがかった石が採れますが、この石を使って越前の豪族たちは舟形石棺を多く作りました。足羽山古墳群（図57）の山頂古墳などには、竪穴式石室の中に文様の施された船形石棺が納められています。船形石棺は九州で多く見られますが（これは阿蘇石で作られている）、そことの関係が想定されます。さらに北陸で舟形石棺を用いるのが越前平野だけに限られていることは、畿内との関係も考えられます。越前は継体天皇の出身地だと

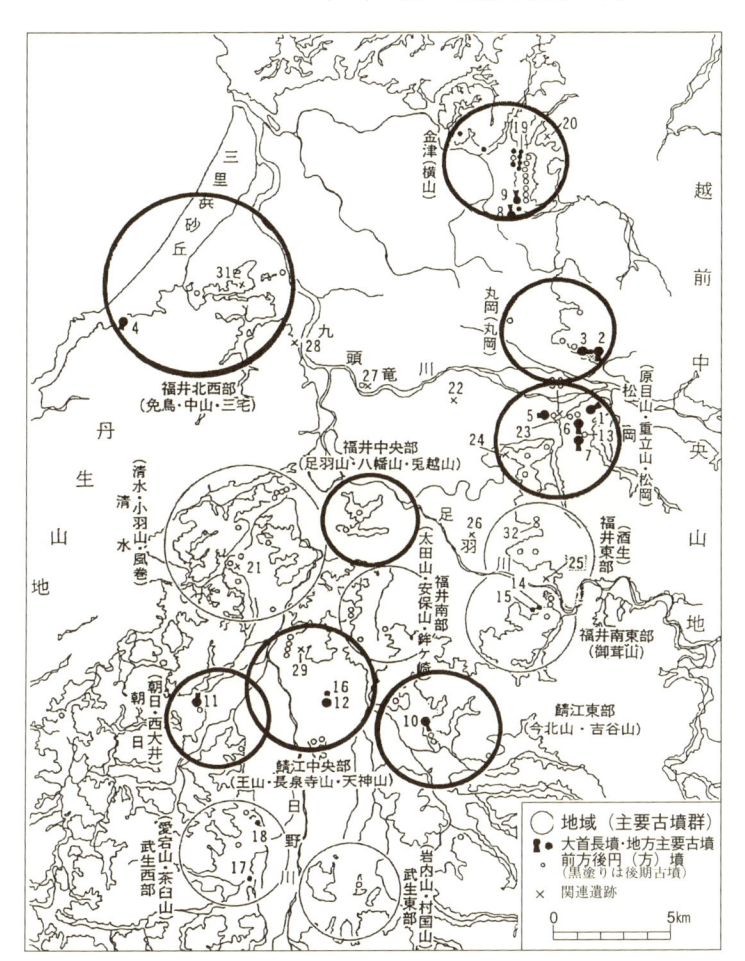

第3章　弥生・古墳時代前期の越前・越中　99

1：手繰ヶ城山古墳　2：六呂瀬山1号墳　3：六呂瀬山3号墳　4：免鳥長山古墳　5：泰遠寺山古墳　6：石舟山古墳　7：二本松山古墳　8：椀貸山古墳　9：神奈備山古墳　10：今北山古墳　11：経ヶ塚古墳　12：兜山古墳　13：鳥越山古墳　14：御葺山106号墳　15御葺山126号墳　16：兜山北古墳　17：岡本山1号墳　18：愛宕山東山20号墳　19：中川65号墳　20：鎌谷窯跡　21：小羽山遺跡　22：高柳2号墓　23：南春日山1号墓　24：原目山遺跡　25：天神山7号墳　26：和田防町遺跡　27：中角遺跡　28：漆谷・法土寺古墳群　29：三ツ秃3号墳　30：春日山古墳　31：水切1号墳　32：花野谷1号墳

図55　越前平野における古墳群等の分布状況

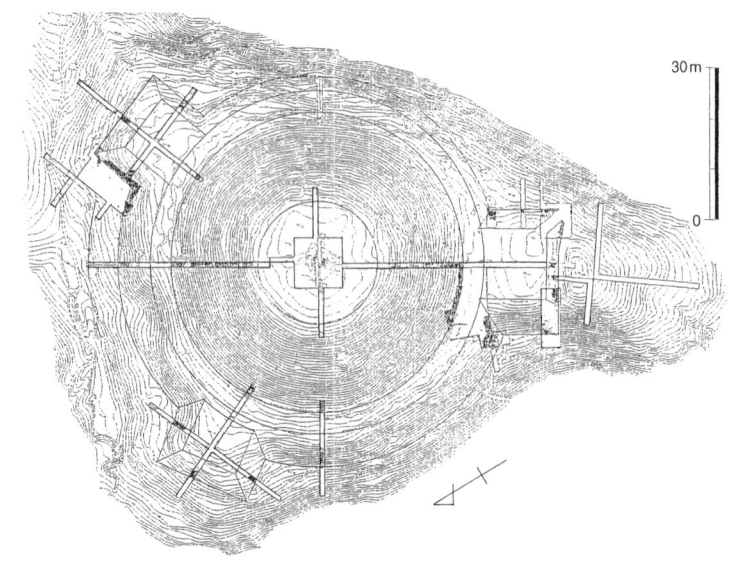

図56　免鳥長山古墳墳丘実測図

いわれていますが（天皇《男大迹(おおど)》は応神天皇5世の孫とされる）、磐井の乱などがあって皇室内に対立が起こった時期に、畿内から遠い越前にいた人物が天皇として擁立されたということは、かなり古くから越前が畿内と深い関係をもっていた可能性もあります。

　加賀も古墳時代前期という早い段階から畿内と緊密な関係にあっただろうと思われます。その理由の一つは先にも述べたように、ここが玉類の産地であったことです。加賀では鍬形石や車輪石が多く作られましたが、加賀には鍬形石や車輪石を多く出土する古墳はありません。能登の雨の宮1号墳では車輪石と石釧がいくつも出ていますが、産地なのになぜか加賀の古墳から出てこない。これは多分、いったん製品を大和王権のもとへ送り届けることを命ぜられていたのだろうと思われます。こうした石製の腕飾りは本来実用品ではなくて、魔よけ（葬具）として遺体

第3章　弥生・古墳時代前期の越前・越中　101

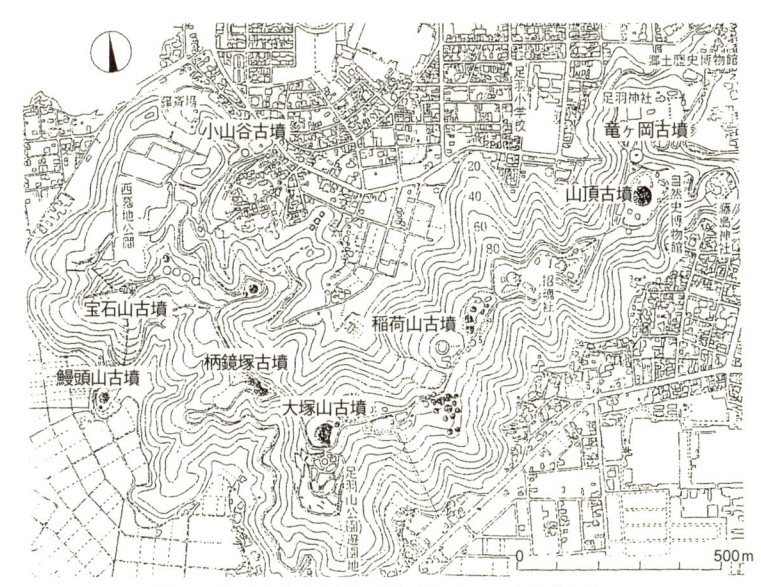

図57　足羽山古墳群分布図（中司 1997より転載）

と一緒に埋納されたと考えられますが、被葬者である豪族と大和との関係の軽重によって与えられたのでしょう。不適切な例としていえば、もっとも出土例の少ない鍬形石は勲一等、次いで車輪石は勲二等、さらに石釧は勲三等というようなことです。

　最近、金沢市の梅田遺跡というかなり広範囲の古墳時代前期の集落跡から、この種の石製品の未製品が多く出ていますが、産地の一つだったと考えられます。たとえば、琴柱形石製品という王が儀式の際に用いた玉杖の上につける琴柱の形に似た飾りが見つかっていますが、これなども古くからの大和との関係を思わせます。加賀は弥生時代の末期頃にはすでに大和と碧玉製品の供給を通じて緊密な関係、つまり畿内政権の支配下に入ってしまっていたからこそ、高地性集落を築くことが少なかったのかもしれません。ところが能登は違っていました。能登半島の基部

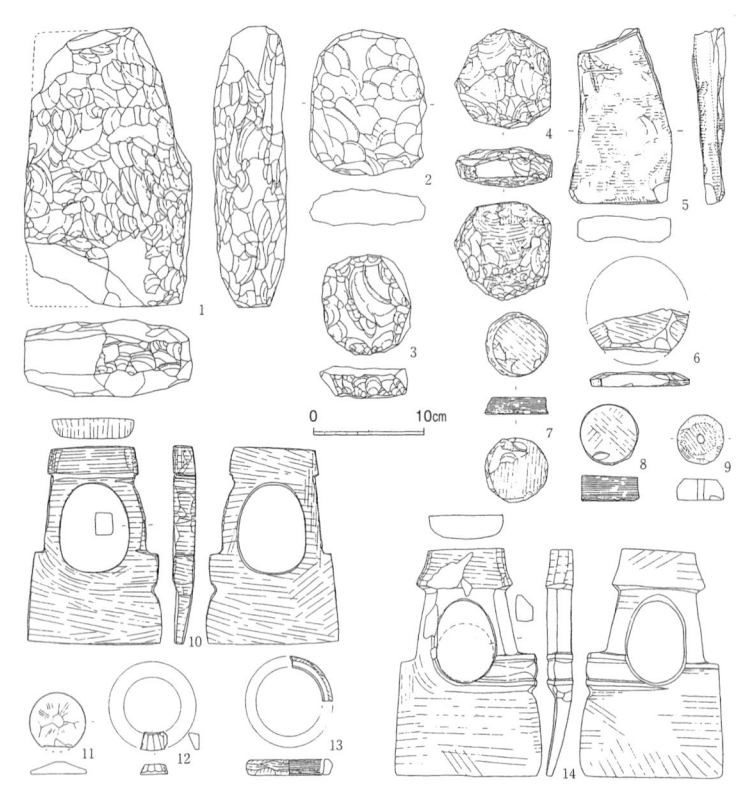

図58 碧玉製品の未成品

1：鍬形石形未成品（石川県富塚遺跡）　2：車輪石形割未成品（石川県片山津上野遺跡）
3：板石釧形割未成品（同）　4：石釧板状未成品（島根県東忌部後原遺跡）　5：鍬形石板状
未成品（石川県片山津上野遺跡）　6：車輪石板状未成品（同）　7：剝貫円盤（石川県漆町金
屋サンバワリ遺跡）　8：同（石川県片山津上野遺跡）　9：剝貫円盤を利用した紡錘車未成品
10：鍬形石環状未成品（滋賀県北多11号墳）　11：蓋状未成品（石川県片山津上野遺跡）
12：車輪石（福井県河和田遺跡）　13：石釧環状未成品（石川県漆町金屋サンバワリ遺跡）
14：鍬形石環状未成品（石川県片山津上野遺跡）

を横断するように南北に伸びる邑知平野（地溝帯）を押さえ、富山湾を経て東北日本海沿岸に通ずる七尾湾を握るという政略のもとで、弥生時代の中期という早い段階から大和と緊張した関係にあったのかもしれません。そして目的を達した大和政権は、能登香嶋津を前進基地として東へ発進したものと考えられます。七尾市の海浜近くで発見された万行遺跡で検出された古墳時代初期の計画的に配置した大型倉庫群は、大和政権による東国覇権の一端を示すものと考えられます。

第4章　越後・会津の情勢

越後の高地性集落

　越後地方でも弥生時代後期後半（2世紀後半頃）を中心にして、越後平野と頸城平野に多数の高地性集落が現れます（図59・表1）。その中で妙高市斐太遺跡（図60）と新潟市古津八幡山遺跡（図61）はそれぞれ関川左岸、信濃川右岸の遺跡群の中心をなす大集落です。斐太遺跡の地形図（図62）を見ると、北から南に百両山地区、上ノ平地区、矢代山A地区、矢代山B地区の四つのブロックが集まって大規模な遺跡群を形成しています。集落両側面に環濠が掘られており、矢代山B地区の場合は丘陵の先端部を横断して2条の環濠が刻まれているのですが、環濠の総延長は916mに及びます。この遺跡では竪穴住居の跡が埋まりきらずクレーター状の窪みが地上から観察でき、図60に黒点で示されています。そして、その四つの居住区の総面積は52000㎡になるということです。北陸最大、全国でも屈指の規模を誇る巨大高地性集落です。

　古津八幡山遺跡は、磐越自動車道の土取り場となったことから行われた発掘で発見されたものですが、新津市民を中心とした大きな保存運動により、その大部分が遺跡が立地している里山とともに保存され、現在国史跡に指定され史跡公園として整備するための調査が進んでいます。図61の全体図の黒い太線が環濠です。斜面が緩やかで敵の侵入路になる丘陵の北側と東側にめぐらされ、集落の中心部分は内外二重になっています。環濠の切れ目から出入りするのでしょうが、すっと真っすぐには

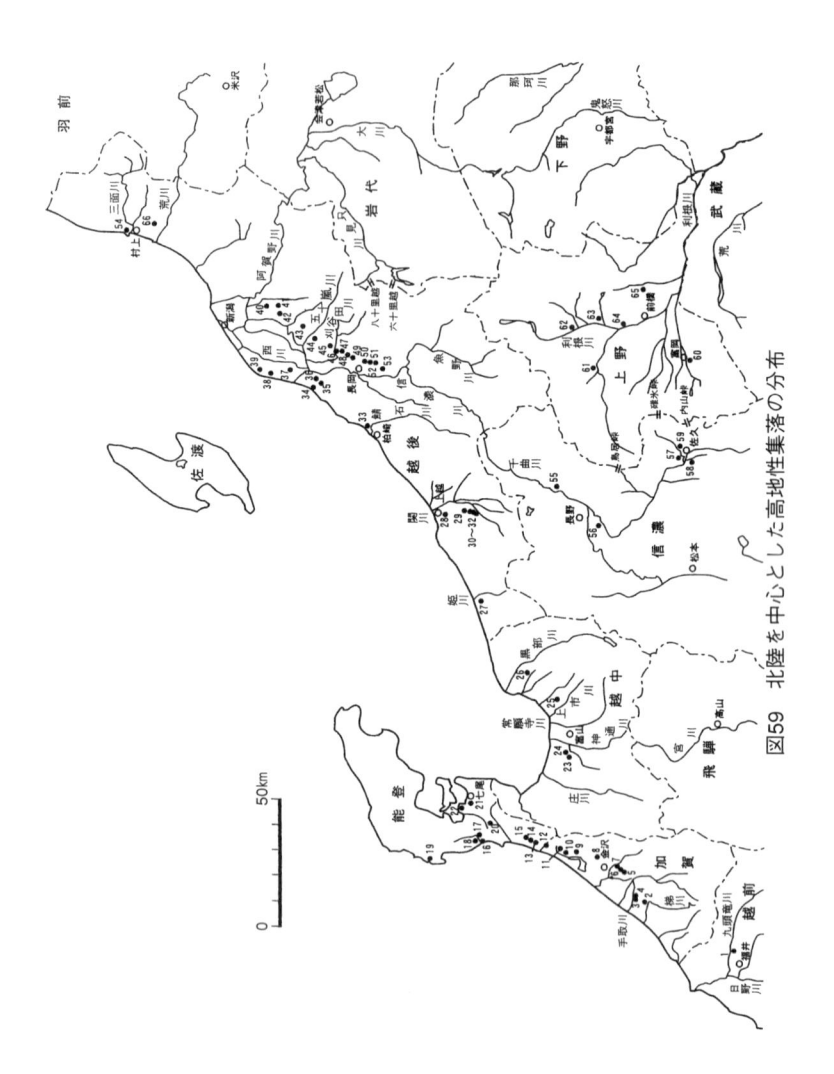

図59 北陸を中心とした高地性集落の分布

表1-①　北陸を中心とした高地性集落の分布の地名表 (番号は図60に対応)

No.	国名	遺 跡 名	比 高	備 考
1	越前	松岡町室遺跡	10m	環濠　幅5m、深さ2.5m
2	加賀	小松市河出山遺跡	46m	環濠　幅3.5～4.5mのL字型
3	加賀	寺井町和田山遺跡	23m	
4	加賀	辰口町荒屋遺跡	23m	
5	加賀	金沢市高尾山遺跡	115m	
6	加賀	金沢市山科満願寺山遺跡	128m	
7	加賀	金沢市長坂大乗寺山遺跡	45m	
8	加賀	金沢市岩出ウワノ遺跡		
9	加賀	津幡町谷内石山遺跡		
10	加賀	宇ノ気町上山田遺跡		
11	加賀	宇ノ気町鉢伏茶臼山遺跡	55m	環濠　幅4～5m、深さ2.5m
12	加賀	高松町大海西山遺跡	55m	環濠　幅7.5m、深さ5m
13	能登	押水町竹生野遺跡	29m	
14	能登	押水町宿東山遺跡	23～35m	
15	能登	押水町宿向山遺跡	30m	
16	能登	志賀町川尻ナベンタカ遺跡		環濠
17	能登	志賀町北吉田フルワ遺跡	33m	環濠　幅1.4～2.6m、深さ1.0～1.4m
18	能登	志賀町堀松遺跡		
19	能登	富木町鹿頭上の出遺跡		
20	能登	鹿西町杉谷チャノバタケ遺跡	40～100m	環濠　幅3m、深さ2m
21	能登	七尾市国分高井山遺跡	50m	環濠
22	能登	七尾市奥原遺跡	27m	
23	越中	富山市西金谷京平遺跡	95m	
24	越中	富山市吉作白鳥城遺跡	120m	環濠
25	越中	滑川市本江扇平遺跡	35m	
26	越中	魚津市天神山城遺跡	110m	環濠
27	越後	糸魚川市後生山遺跡	34～37m	
28	越後	上越市裏山遺跡	75m	環濠　深さ2mのL字断面
29	越後	上越市馬場上遺跡	20～40m	
30	越後	新井市斐太百両山遺跡	45m	環濠
31	越後	新井市斐太上野平矢代山遺跡	45m	環濠
32	越後	新井市斐太矢代山8遺跡	45～72m	環濠二重　幅4m、深さ4.5m
33	越後	柏崎市西岩野遺跡	20～25m	環濠

表1-② 北陸を中心とした高地性集落の分布の地名表 (番号は図60に対応)

No.	国名	遺跡名	比高	備考
34	越後	和島村奈良崎遺跡	10～22m	環濠
35	越後	和島村大平遺跡	40m	
36	越後	和島村赤坂遺跡	80m	環濠 幅7m、深さ2m
37	越後	弥彦村稲場塚遺跡	35m	
38	越後	巻町山谷古墳下層遺跡	40m	
39	越後	巻町大沢遺跡	30m	
40	越後	新津市八幡山遺跡	50m	環濠 幅3m、深さ1.8m
41	越後	五泉市大倉山遺跡	60m	
42	越後	田上町中店遺跡	40m	
43	越後	三条市二ツ山遺跡	80m	
44	越後	三条市経塚山遺跡	67m	環濠
45	越後	見附市大平城遺跡	70～80m	環濠
46	越後	見附市岩沢遺跡	40m	
47	越後	見附市高稲場遺跡	15～20m	環濠
48	越後	長岡市横山遺跡	6m	環濠 幅2m、深さ1m
49	越後	長岡市原山遺跡	14m	環濠?
50	越後	長岡市岩村遺跡	25m	
51	越後	長岡市顕正寺遺跡	45m	
52	越後	長岡市鷲巣遺跡	50m	
53	越後	長岡市阿部山遺跡	65m	
54	越後	村上市滝ノ前遺跡	42m	
55	信濃	中野市がまん渕遺跡	15～20m	環濠・柵列
56	信濃	長野塑篠井遺跡		平野に立地する大規模な環濠集落
57	信濃	佐久市西一里塚遺跡		環濠 幅3.7m、深さ0.3m 微高地上
58	信濃	佐久市後沢遺跡	40m	
59	信濃	佐久市戸坂遺跡	30m	環濠
60	上野	富岡市中高瀬観音山遺跡	60m	柵列
61	上野	中之條町遺瀬崎遺跡	60m	環濠
62	上野	沼田市日影平遺跡		環濠
63	上野	赤城村見立溜井遺跡	30m	
64	上野	北橘村分郷八崎遺跡	60m	
65	上野	粕川村西原遺跡	5m	環濠 幅3.2m、深さ1m
66	越後	神林村山元遺跡	35m	環濠 墓地

第 4 章　越後・会津の情勢　109

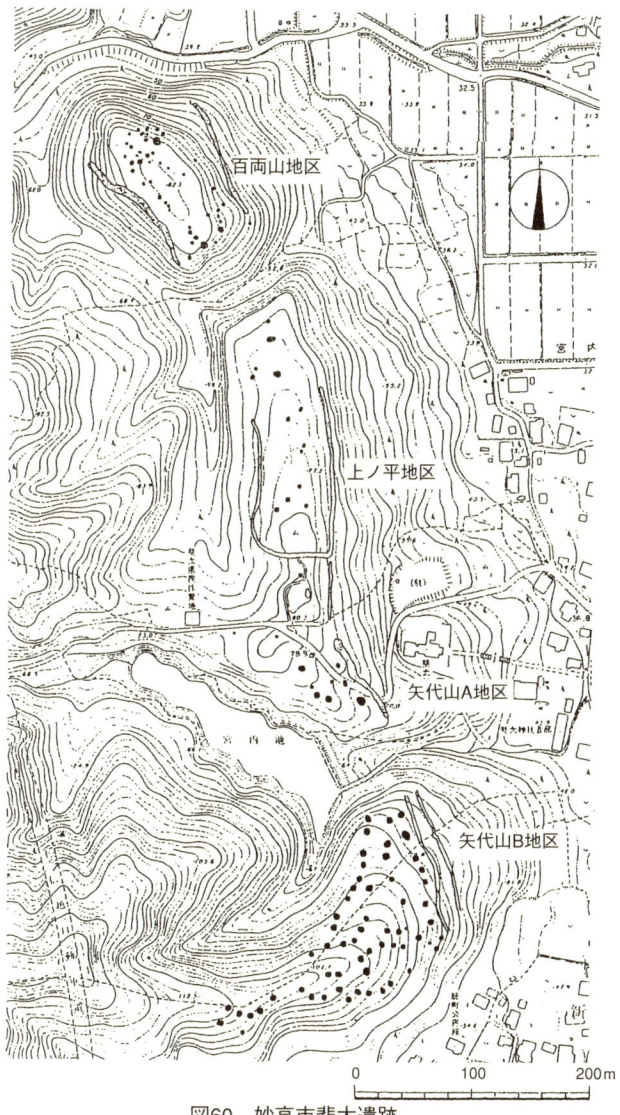

図60　妙高市斐太遺跡

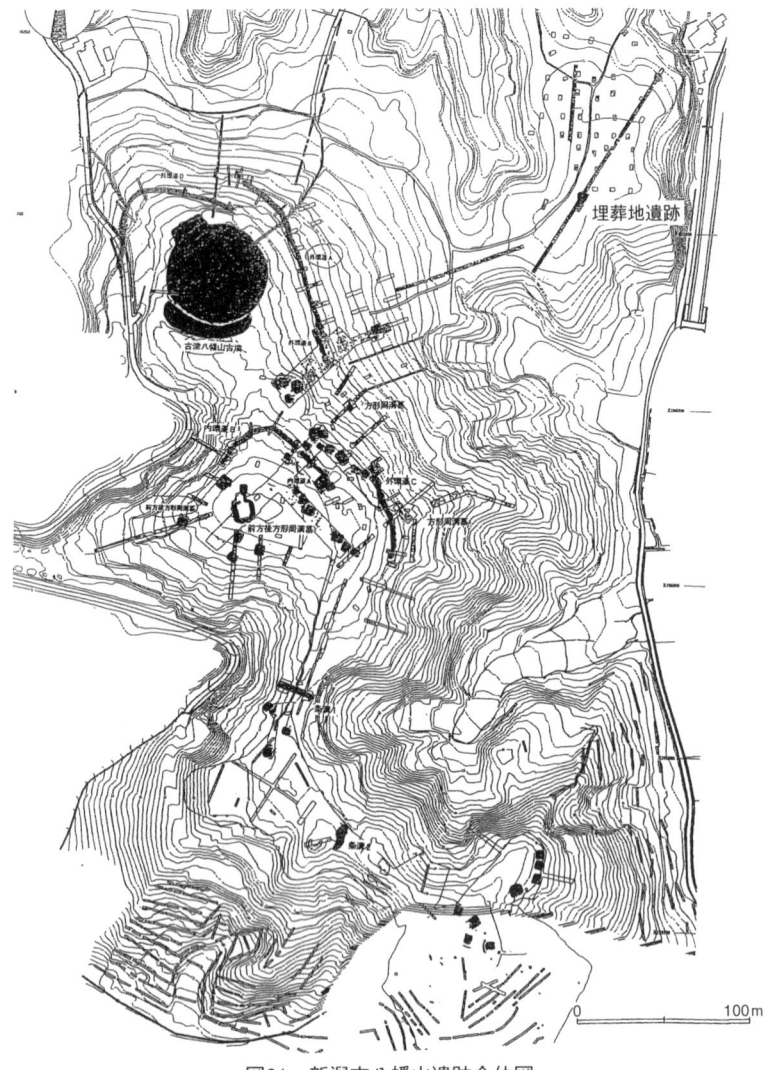

図61 新潟市八幡山遺跡全体図

1：観音平古墳群　2：斐太遺跡　3：鮫ヶ尾城跡　4：天神堂古墳群
5：台状墓群　6：立の内館跡
図62　斐太遺跡群（新潟県妙高市）

入ってこれないよう互い違いにずらすなどの工夫も見られます。中心的な北ブロックと尾根続きに南の方に延びる二つのブロックがあって、それぞれ尾根を断ち割る深い溝によって二の丸、三の丸という感じで区画されています。これまでのところ発掘した竪穴住居址の数は36軒ほどですが、全部掘れば100軒を超える数になると思われます。環濠の東の外側では2ヵ所で方形周溝墓が発見されました。南側で発見されたうちの1基（図63）はコの字形に巡らされた溝の内側に長さ2m足らずの隅丸長方形の墓坑が掘られていて、その墓坑の壁すれすれに4枚の板材を組み合わせた箱形の木棺が据えられていました。棺自体は腐って消滅して

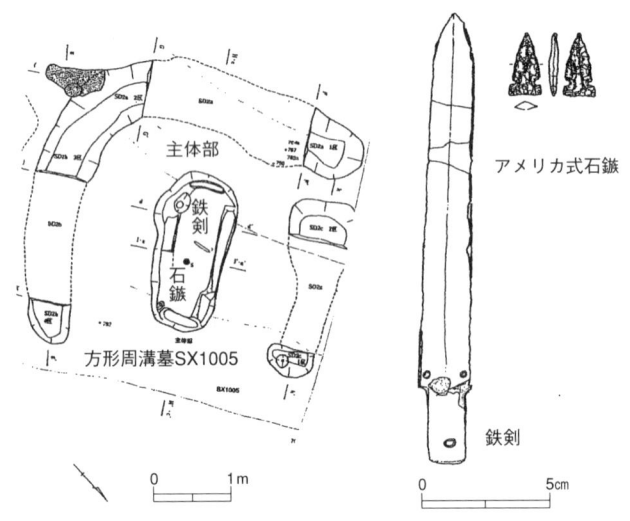

図63　古津八幡山遺跡の方形周溝墓と副葬されていた鉄剣と石鏃（渡辺明和ほか『八幡山遺跡発掘調査報告書』新津市教育委員会より）

いましたが、棺の側板を立てた窪みがきれいに残っていました。その内部には鉄剣と石鏃が副葬されていました。方形周溝墓に副葬品が伴うことはきわめて稀なことです。しかも、この鉄剣は鹿の又角を把手としたいわゆる鹿角装鉄剣で、被葬者の権威を示す貴重な武器であり、この墓が八幡山の集団の軍事的リーダーのものであることがうかがわれます。戦闘にかかわる武器としては、そのほかに鉄鏃1、石鏃66、さらに投石用の石つぶてが6個ほど固まって埋まりかかった濠の底から出土しています。

　越後の二つの高地性集落の大規模かつ複雑な姿を紹介してきましたが、図64は近畿と北陸の最大級の高地性集落の規模と比較したものです。杉谷チヤノバタケ遺跡は3章で紹介された能登中枢部の高地性集落であり、大阪府和泉市観音山遺跡は大阪府高槻市古曽部遺跡とともに畿内の

第4章 越後・会津の情勢 113

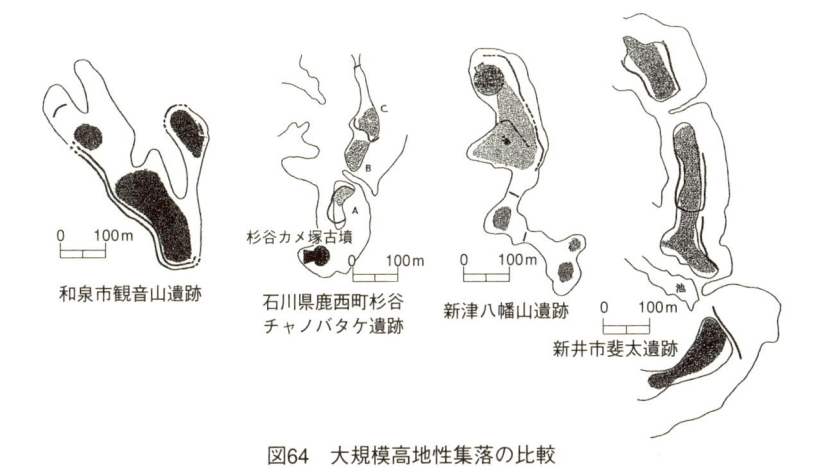

図64 大規模高地性集落の比較

後期を代表する大規模な高地性集落です。この中で斐太遺跡が最大で、それに続く古津八幡山遺跡は観音山遺跡、古曽部遺跡と同クラスです。弥生高地集落分布の北限の越後で、畿内北陸を凌ぐ大規模な高地性集落が造られたことは感動的です。頸城平野、越後平野で中期以来の人口増に加えて、倭国大乱に巻き込まれた能登方面から海路移住した集団によって急激な人口増があり、そうした移住集団の主導により、能登をモデルにしながらもさらに大規模な高地性集落を造って集住し、西方からの脅威に備えたのだと思われます。

北陸・越後の戦乱とその背景

越後の高地性集落で実際に攻防戦が行われたかどうか現状では説明することは難しいわけですが、斐太遺跡の場合延長900mにもわたって環濠を掘り抜くような大工事をしたというのは、その人たちの間に深刻な危機意識があったことは確かといえます。前にも述べたように、能登から加賀へ移る境界の地帯に多くの高地性集落が密集しているのは、能登

の人々が西からの攻撃に備えたものと思われます。その頃の土器の分布から見て、能登・越中、佐渡、越後という地域は、同じ北陸でも西の加賀、越前とは一線を画す特徴があって、東の越と西の越の二つの連合に分かれて対立する状況が生じていたと考えられます。北陸の弥生式土器は中期には近畿地方の影響を強く受けた櫛描文土器が発展しましたが、後期には山陰の影響が強い凹線文土器に変わります。

出雲・丹波・越

　北陸の土器研究のリーダーの田嶋明人さんは、北陸西部には出雲の影響が強く、東部には丹後の影響が強いことを指摘し、西の越と東の越の対立の背後に、それぞれ出雲と丹後の支援があったのではないかといっておられます（『東日本の古墳の出現』p.60）。さらに出雲勢力のシンボルである四隅突出型墳丘墓が越前の清水町（現在は福井市）という福井平野の西の入口にあたる場所に造られており、これは親出雲的な勢力が越前に現れたと考えざるをえません。第1章図18の四隅突出型墳丘墓の時期別分布図を見ると、まさに高地性集落がさかんに造られ、「倭国大乱」とも対応する後期の後葉という時期に、途中の但馬・丹後・若狭を飛び越して越前の中枢部の一画に突如出現したわけです。一辺27mの小羽山30号墓は、当時の北陸の墳丘墓の中では抜群で、おそらく西の越の連合の盟主の位置を占めた首長の墓であったと思われます。北陸の四隅突出型墳丘墓は、山陰では必ず見られる墳丘の裾を巡る石列が欠如している点で、そのままもち込まれたものとはいえません。おそらく出雲の首長との婚姻などを通じて同族関係を結び、出雲勢力の橋頭堡の役割を担った地元の首長の墓であったと考えられます。

　『出雲風土記』や『古事記』にも八千矛の神の高志の沼河此売の妻問いを始め、出雲と越のただならぬ関係を物語る伝承が数多く伝えられて

第4章　越後・会津の情勢　115

います。あまのしたをおつくりになったおおかみが「こしのやくち」を平定されたとか、神門郡の古志郷は越の人たちがやってきて池を造り、そこに居ついたのでこういう地名になったという記事もあります。「こしのやくち」とはどこを指すのかわかりませんが、複数の越の勢力を攻撃して平定して帰って来たという出雲の人たちの記憶が強く残っていたということでしょう。越前勢力と同盟して能登の勢力を攻撃し、そこから一群の人々を連行して池を造らせるということもあったのではないでしょうか。四隅突出型墳丘墓は加賀の小松市一塚墳墓群（第3章図45）、越中の呉羽丘陵の遺跡群にも見られます。両者は小羽山墳墓群に後続するもので、倭国大乱後も北陸における出雲勢力の拠点が西から東に移動しつつ、極地的に形成されていたものと思われます。

　北陸西部には出雲の影響が、東部には丹後の影響が強いといいましたが、越後では最近になって丹後の墓制の波及と思われる弥生墳丘墓が発見されました。斐太遺跡の矢代山B地区の背後の尾根を階段状に加工して平らなステップを作り、そこにいくつかの棺を埋納したと思われる墳墓で、尾根上に一列の群をなすのが特徴です。ここでは図65にC群を示しました。また斐太遺跡の北隣の天神堂古墳群の分布する尾根の南斜面に長方形の台状墓1基と、ステップ状の低墳丘数基が一列に並ぶ墳墓群が発見されています（図66）。越後平野では、信濃川中流左岸の丘陵の山頂に営まれた寺泊（現長岡市）屋舗塚という方形台状墓が丹後系の可能性が高い墳丘墓です（図67）。広い墳頂平坦部中央に隅丸長方形の大きな土坑を掘り、その底に舟形の木棺を据えた痕跡があります。土坑の壁と棺の間の平坦部に土器を置いて土坑を埋めるという特異な葬法で、赤坂今井墳丘墓など丹後の首長層の墓制と同様式と見られます（第2章図24）。屋舗塚墳丘墓の立地する丘陵は信濃川と支流島崎川に挟まれた要衝の地で、島崎川上流の丘陵には大規模な環濠高地性集落赤坂遺跡を

図65　矢代山台状墓

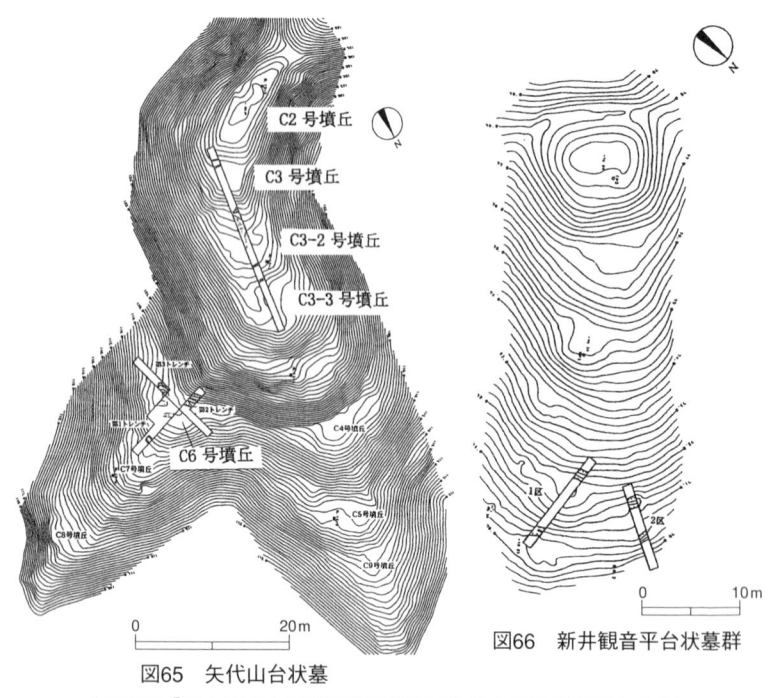

図66　新井観音平台状墓群

（佐藤慎『斐太歴史の里確認調査報告書』新井市教育委員会より）

中心に多くの高地性集落が集中する地域です。弥生時代後期の越後の墓制についてはなお不明な点が多いのですが、有力な首長の中から丹後の首長と強い結びつきをもち、その墓制を取り入れる者が現れたことは確かでしょう。倭国大乱の時代、出雲と丹後は日本海の制海権を争う二大勢力として対立抗争を重ねたと考えられます。北陸に対してはそれぞれ遠交近攻の策をとって勢力拡大を図ったので、西の越と東の越との抗争には出雲と丹後の代理戦争の側面があったと思われます。全国的な動乱としての倭国大乱との関連では、丹後の背後には大和が、出雲の背後には筑紫という強力な同盟があり、大和と同盟した吉備が筑紫・出雲と対

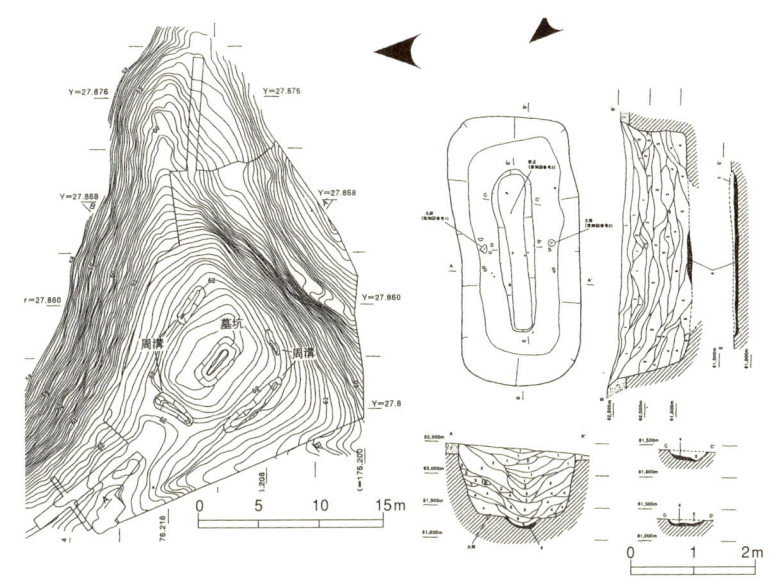

図67　寺泊屋鋪塚遺跡（八重樫由美子『新潟県寺泊町屋鋪塚遺跡
　　　　発掘調査報告書』寺泊町教育委員会より）

立するという複雑な相関図が想定されるでしょう。

戦乱はあったか―頸城平野の場合―

　弥生時代中期中葉から古墳時代の前夜に至る過程で、越後の開発を主導したのは北陸系の人々であったと考えられます。北陸系の集団は、頸城平野では信州系の集団と接触し、越後平野では東北系の集団と接触しました。北陸系の土器は西日本に発した弥生文化を代表する洗練された土器であり、信州系・東北系はそれぞれ強烈な地方色を誇る個性豊かな土器でした。

　最近の調査で、頸城平野の中央部で弥生時代中期中葉から始まる吹上遺跡と弥生時代終末期に現れる釜蓋遺跡（どちらも上越市）の二つの大

図68 関川水系の弥生遺跡の分布

規模な農耕集落が相次いで発見されました。中期に栄えた吹上遺跡は後期には縮小し、それと入れ替わるように北西の丘陵に巨大な高地性集落斐太遺跡が形成されます。三者の位置関係は図68で見て下さい。

吹上遺跡の出現期の土器は北陸系が主体ですが、一定量の信州系が混在しています。中期後葉になると両者の割合は逆転し、信州系が主体を占めるようになり、集落の発展はピークを迎えます。栗林式土器と呼ばれる土器を使ったこの時期の信州系の動きはたいへん活発で、柏崎平野や魚沼にも進出します。彼らは北陸系と共存し玉の生産と流通の拠点を求めて北上したものと思われます。続く後期には一転して頸城平野から信州系の姿が消え、ほぼ北陸系一色となります。日本海域の軍事的緊張が高まり、頸城平野が東の越の連合に編入されるにあたって信州系の集団は排除され、あるいは戦乱を嫌って内陸の故地に引き揚げたとも考えられます。信越国境の妙高山麓籠峰遺跡を信州系の北限として、両者は南北に棲み分け対峙する状態が生じたわけです。斐太遺跡は一見して信州勢力に対する軍事拠点のようですが、この時期の北信には高地性集落はなく、北陸系の土器の浸透も見られません。おそらくこの時点では北信の勢

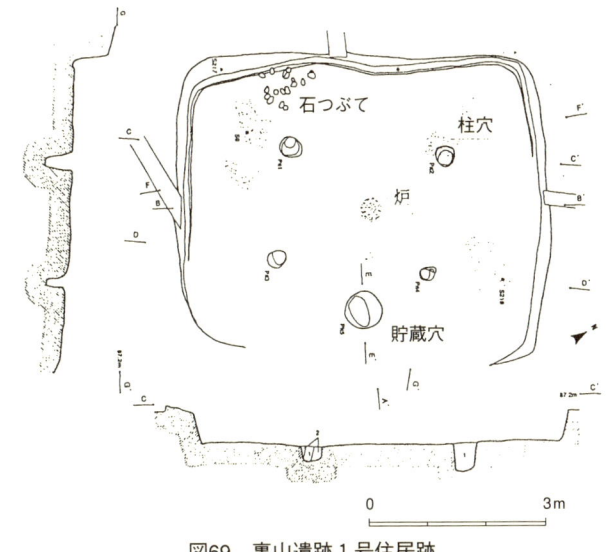

図69　裏山遺跡１号住居跡

　力と頸城の勢力は相互不可侵の関係にあり、頸城の高地性集落は西の越と出雲勢力の侵寇に備えたもので、北信は倭国大乱の圏外にあったと考えられます。

　頸城平野における軍事的緊張を如実に示すのが、上越市民と全国の大きな保存運動にもかかわらず、上信越自動車道建設で破壊された上越市裏山遺跡です（図69・図70）。裏山遺跡は春日山から頸城平野に突き出た比高約70mの独立丘の山頂にあり、中腹の急斜面をL字形にカットした環濠をめぐらし、山頂の平坦部に8基の竪穴住居と住居の数のわりには異常に多い土器片と、鉄鏃・石剣・環状石斧などの武器類、投石と見られるおびただしい円礫、鉄製鋤先6、鉄器を砥いだと思われる多数の砥石、ヒスイの原石など、きわめて豊富な遺物が出土しました。山頂の平坦面を覆う弥生時代の地層から出土した円礫は2748点におよび、激し

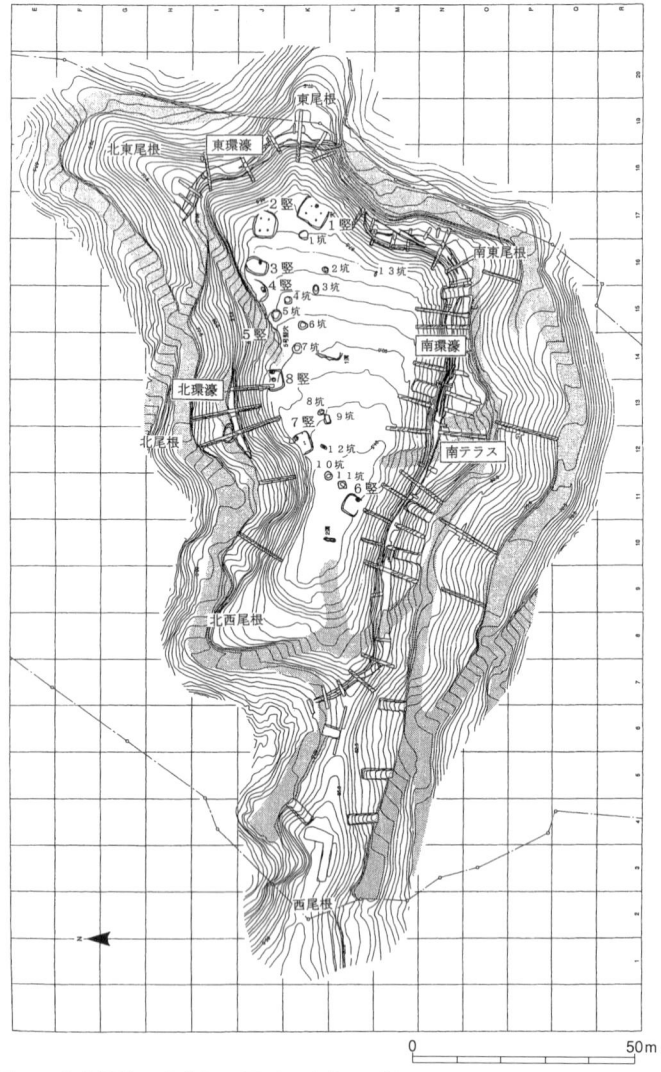

図70 裏山遺跡の全体平面図（小池義人『裏山遺跡 上越自動車道関係
発掘調査報告書Ⅶ』新潟県教育委員会より）

い石合戦が行われた可能性があります。裏山遺跡は一時期3〜4軒くらいの小集落ですが、住居址はどれも日本海と関川河口を見晴らせる山頂北縁に配置され、海からの侵寇を常時監視する体制がうかがわれます。裏山高地性集落は斐太を親村とする前進基地で、敵の襲来を狼煙などで急報し、非戦闘員や財貨を収容するとともに本隊が到着するまでの抵抗の拠点となったと思われます。裏山遺跡と斐太遺跡は約10kmの距離がありますが、中間に環濠を伴わない中規模の高地性集落上越市馬場上遺跡があり、裏山からの情報を斐太に中継する役割を果たしたと思われます。この時期の戦乱は、一つの平野の内部に中小の集落を従えた複数の拠点集落が割拠していて相互に争うという段階ではなく、斐太遺跡を盟主として関川水系の遺跡群が結集し「頸城のクニ」というような地域的結合体を形成して外敵と対峙したものと考えられます。この場合の仮想敵が、西の越と出雲であった可能性が高いことは前にお話したとおりです。越後平野の場合も古津八幡山の集落を盟主とした「蒲原のクニ」ともいうべき結合体が想定されます。そして蒲原のクニと頸城のクニは能登勢力を盟主とする東の越連合のメンバーとして倭国大乱の時代を乗り切ったと考えられます。大乱後の蒲原と頸城は、邪馬台国連合の北限のクニとなったのではないでしょうか。

越後平野の北陸系と東北系

　弥生時代後期の越後平野は全体として北陸系の土器が主体となりますが、これと並んで天王山式と呼ばれる東北系の土器がかなりの割合で使われています。さらに地元で両者の特徴を融合した折衷式土器も作られています。古津八幡山遺跡では3系統の土器が同一の竪住居から出土することもあります。前に紹介した鉄剣を出土した方形周溝墓に供えられた土器は、東北系が主体になっています。倭国大乱の時代の越後平野は

北陸系と東北系が平和的に混在している地域で、高地性集落も両者が協力して守っていて、八幡山遺跡の方形周溝墓のケースでは東北系の軍事指導者の存在もうかがうことができます。

　越後平野で北陸系と共存した東北系の天王山式土器は、さらに東部北陸の中心地域能登半島と富山湾沿岸に分布を広げています（図71）。東北の文化が南下する状況は、東北の弥生時代の所産である石鏃の基部にえぐりを入れて逆T字形にしたアメリカ式石鏃の分布からもうかがえます（図72）。この二つの分布図を見ると、東北系の人々が越後平野から海路によってダイレクトに富山平野や能登半島と往復していることがうかがえます。また佐渡の鷲崎のせこの浜洞穴、相川の浜端洞穴、同夫婦岩洞穴など岬の突端の洞穴に東北系の人々の墓があることは、能登と越後の中継交易にたずさわった東北系の海人の活躍を想像させます。東北系の土器は、能登の大型方形台状墓大槻4号墓や加賀の金沢市さいねん

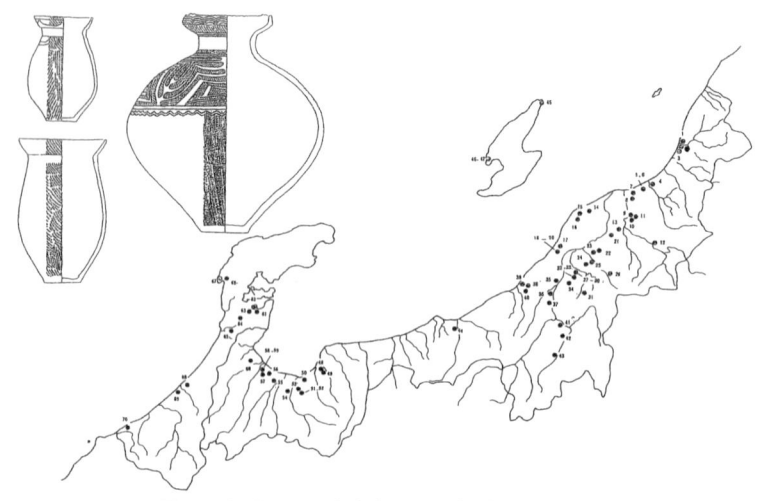

図71　北陸の天王山式土器の分布（田中靖原図）

第4章 越後・会津の情勢 123

アメリカ式石鏃

六地山遺跡

図72 アメリカ式石鏃の分布 (石原正敏原図)

南真保遺跡の大型方形周溝墓に供献土器として置かれていたり、能登中枢部の高地性集落杉谷チャノバタケ遺跡の環濠からまとまって出土したことは第3章で述べてられています。橋本澄夫さんは東北系の集団が応援部隊として加わった可能性を指摘しています。以上のような事実はこれらの土器をたずさえた人々が行きあたりばったりに西のほうに流れついていたのではなく、ちゃんとした情報をもっていて計画的に交流をしていたことを示しています。弥生時代後期は、生産用具が石器から鉄器に大きく変わる時期でした。東北・北海道南部の人々にとっても鉄器は喉から手が出るほど欲しいものとなり、それを手に入れるために南方との交易を活発化する必要が生じたのでした。北陸系の人びとと共存し友好的

な関係を築いていた越後平野の東北系の人々は、その関係を活用して越後の北陸系の人々の故郷である能登半島などに出かけて鉄器を入手し、越後以北の広大な地域の人々に供給して利を得ていたと考えられます。日本海域の東北系の人々の活動は、天王山式土器の分布から見て東の越の連合に守られた形で展開されたと思われ、倭国大乱に際しては共通の利害のうえに立って協力する関係であったと思われます。

古墳出現前夜の変動

2世紀末から3世紀初め頃、抗争を繰り返していた国々は邪馬台国女王卑弥呼を倭王に共立し戦乱は終結します。その頃全国的に高地性集落が廃絶するのは、この史実に対応すると考えられます。能登や越後の高地性集落もほぼ終結し、頸城では上越市釜蓋遺跡、越後平野では新潟市緒立遺跡など、沖積平野のただ中に拠点的集落が出現します。そうした中で斐太遺跡と古津八幡山遺跡では、集落の規模を縮小しながら弥生時代の終末期まで、高地性集落の機能が保たれていたようです。この頃、北陸系土器が北信や東北の会津に広がっていきます。こうした動きは北陸系集団の移動を伴うものと考えられ、新たな軍事的緊張をもたらした可能性があります。斐太遺跡や古津八幡山遺跡の廃絶が遅れるのは、そのためかもしれません。

北信では栗林式に続く箱清水式土器が地元の土器として健在ですが、北陸系の南下に呼応するように東海系の土器が北上し、信州北部で三者が混在する状況となります。そうした中で、中野市がまん渕遺跡のように箱清水式が主体の環濠をめぐらす高地性集落が現れ、地元勢力の抵抗をうかがわせます。

一方、会津盆地では北陸系の土器とともに竪穴住居も墓地の形態も北陸色の強い集落が現れますが、地元の天王山式の末裔の集落ははっきり

しません。したがって会津では北信に見られるような北陸系の進出による軋轢を示す事象は見られません。会津盆地は天王山式の文化の中心地でした。ですから、この頃何らかの理由で衰退したとしても、無人の地になったとは考えられません。前代の越後平野で、北陸系と東北系が友好的に共存していた経緯から見て、優勢な北陸系の主導のもとに地元の集団が協力して急テンポで開発が進められたと考えられます。

古墳の出現と越後・会津への伝播

3世紀中頃か後半に、大和盆地の東部で巨大な前方後円墳が現れます。それは桜井市箸中山（箸墓）古墳で、そこに葬られたのは倭国王卑弥呼の可能性が高いと考えられます。これを契機にして、倭王を盟主として連合する全国の首長が、倭王の前方後円墳をモデルにして、それぞれに勢力に応じた規模の前方後円墳を造営するようになり、時代は弥生時代から古墳時代に、政治史的には邪馬台国連合からヤマト政権へと移ります。

最古の前方後円墳は、北陸・越後・会津を結ぶ幹線ルート上に点々と分布しています。加賀の加賀市分校カン山1号墳（37m）、能登の羽咋市宿東山1号墳（21.4m）、越中の小矢部市谷内16号墳（47.6m）、越後の弥彦村稲場塚古墳（26m）、会津の坂下町杵ヶ森古墳（46m）等がそれです（図73）。谷内16号墳、稲場塚古墳、杵ヶ森古墳は前方部の長い箸中山型、分校カン山1号墳、宿東山1号墳は前方部の短い纒向型と呼ばれるものです。箸中山古墳の北西700mにある纒向石塚古墳（90m）は箸中山古墳に先行する可能性のある前方後円墳です。纒向型と呼ばれる前方部が短小な出現期古墳が全国的に分布しています。箸中山古墳が卑弥呼の墓とすれば、纒向石塚は『魏志倭人伝』に出て来る難升米のような高官の墓かもしれません。

北陸では古墳出現前夜から古墳時代初期に、前方後方形周溝墓あるい

福島県杵ヵ森古墳　　　　　　　　箸中山古墳

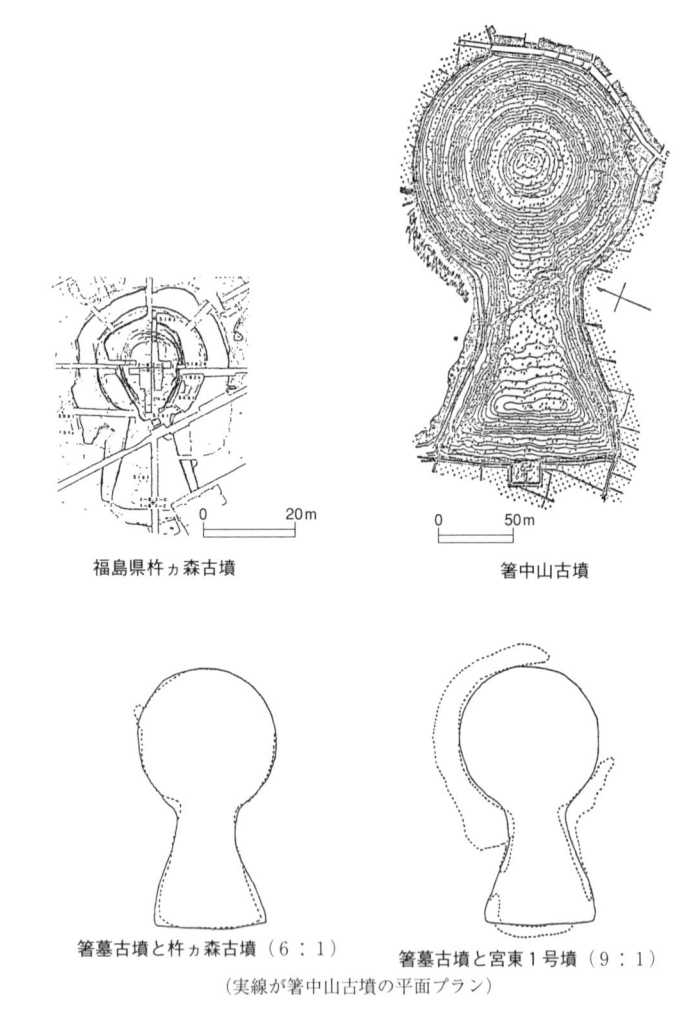

箸墓古墳と杵ヵ森古墳（6：1）　　　箸墓古墳と宮東1号墳（9：1）
（実線が箸中山古墳の平面プラン）

図73　最古の前方後円墳群

第4章 越後・会津の情勢 127

は前方後方形墳丘墓、あるいは小前方後方墳と呼ばれる前方後方形の墳墓が流行します。その源流は東海西部や近江にあるようで、北陸の前方後方形墳墓には東海西部系のパレススタイルと呼ばれる華麗な装飾が施された壺形土器がしばしば供献されています。これは、北陸勢力が山陰からの影響を脱して東海西部の勢力との結びつきを強めたことを示しています。越後の長岡市寺泊の大久保古墳群、同市島崎の下小島谷古墳群、会津坂下の稲荷塚遺跡、同宮東遺跡などの前方後方形墳墓は北陸からの波及でしょう（図74）。

　さらに古墳時代前期中頃になると前方後方形墳墓は大形化し、形も整い、前方後円墳と共通の企画性をもったモニュメントに発展しました。前方後円墳は大王の一族およびそれと同族関係を結んだ全国の首長のシンボルであり、前方後方墳は北陸や東海西部を本貫とし、大王の一族とは異なる出自を有する首長のシンボルであったと考えられます。どちらもヤマト政権によって公認された身分表示であったと思われます。前方後方墳の墳形は前方後円墳系の首長に対する目下の同盟者であるとともに、地域における独立的支配を承認された首長の立場を良く表していると思われます。

　能登半島と富山平野では前期を通じて前方後方墳が優勢です。表2は地域別に墳丘長の上位10基の墳形を表示したものですが、能登では前方後方6、前方後円3、円1、越中では前方後方5、前方後円5という構成です。前方後円墳と前方後方墳が混在していますが、能登・越中を通じて最大の前期古墳が107.5mの前方後方墳柳田布尾山古墳であること、内部主体が明らかにされた七尾市国分尼塚1号墳と鹿西町の雨の宮1号墳の畿内の前方後円墳にひけを取らぬ豊かな副葬品は注目に価します。こうした事実は、ヤマト政権のお目付役として前方後円墳をシンボルとする大和系の首長を配置する一方、前方後方墳をシンボルとする地元の

石川県の気町・宇気塚越1号墳

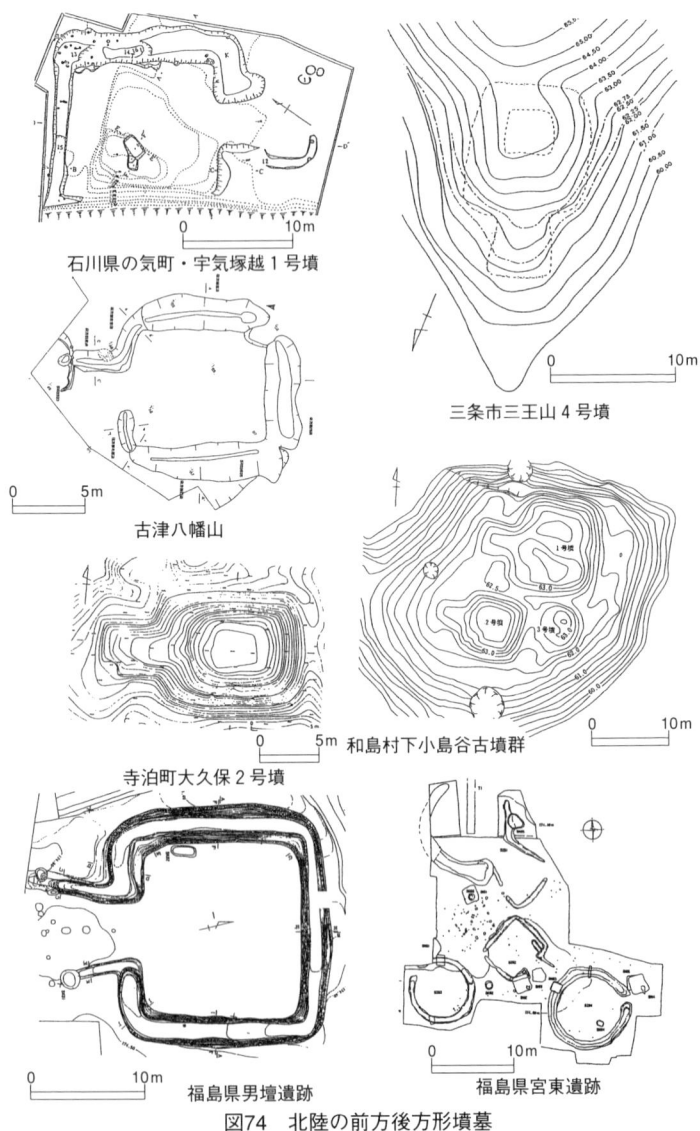

三条市三王山4号墳

古津八幡山

和島村下小島谷古墳群

寺泊町大久保2号墳

福島県男壇遺跡

福島県宮東遺跡

図74　北陸の前方後方形墳墓

表2　北陸東部・東北南東部の前期古墳と各地域上位10古墳の墳形

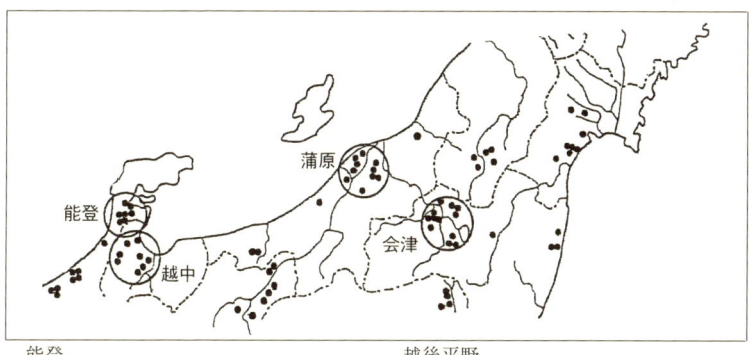

能登

順位	古　墳　名	形　態	長さ(m)
1	徳田古墳	前方後円	85.5
2	雨の宮2号墳	〃	70.0
3	小田中親王塚古墳	円	64.0
4	雨の宮2号墳	前方後方	64.0
5	杉谷ガメ塚古墳	前方後円	63.0
6	小田中亀塚古墳	前方後方	61.0
7	川田ソウ山	〃	53.6
8	国分尼塚古墳	〃	52.5
9	国分岩屋山1号墳	〃	39.0
10	国分尼塚2号墳	〃	33.0

越後平野

順位	古　墳　名	形　態	長さ(m)
1	古津八幡山古墳	円	56.0
2	菖蒲塚古墳	前方後円	53.0
3	城の山古墳	円	46.0
4	三王山1号墳	前方後円	39.0
5	山谷古墳	前方後方	37.0
6	緒立八幡宮古墳	円	30.0
7	稲場塚古墳	前方後円	26.3
8	岩室観音山古墳	円	26.0
9	大久保1号墳	前方後方	25.0
10	三王山11号墳	円	22.0

越中

順位	古　墳　名	形　態	長さ(m)
1	柳田布尾山古墳	前方後方	107.5
2	阿尾島田古墳	前方後円	70.0
3	勅使塚古墳	前方後方	66.0
4	関野1号墳	前方後円	65.0
5	板谷古墳	前方後方	65.0
6	桜谷1号墳	前方後円	62.0
7	王塚古墳	前方後方	58.0
8	男撲1号墳	前方後円	58.0
9	杉谷1番塚古墳	前方後方	56.0
10	谷地16号墳	前方後円	47.0

会津

順位	古　墳　名	形　態	長さ(m)
1	亀ヶ森古墳	前方後円	126.0
2	会津大塚山古墳	〃	114.0
3	堂ヶ作山古墳	〃	80.0
4	灰塚山古墳	〃	61.0
5	飯森山古墳	〃	60.0
6	鎮守森古墳	前方後方	55.0
7	電神山1号墳	前方後円	47.0
8	虚空蔵森古墳	〃	46.0
9	杵ヶ森古墳	〃	46.0
10	深沢古墳	〃	42.0

首長連合による地域政権の独立性を認め、手厚く処遇したことの現れだと考えられます。古墳出現前夜に始まった北陸系の集団の会津盆地への進出は、初期ヤマト政権の戦略に従って能登の勢力が越後の勢力の協力を得て計画的に推進した事業であったと思われます。会津盆地では、北陸系の集団による開発の成功を待っていたかのように前方後円墳が出現します。箸中山型前方後円墳である会津坂下町杵ヶ森古墳（箸中山の1/6の相似形プラン）は、弥生終末期の北陸系の集落稲荷塚遺跡の上層に営まれた前方後方形周溝墓の墓地と重複しています（図75）。

また杵ヶ森古墳の2/3の相似形プランをもつ宮東1号墳は前方後方形周溝墓1、円形周溝墓2と隣接しています。これらは、新たに乗り込んだヤマト系の首長が先住の北陸系集団を従属させた状況を示すものと考えられます。会津盆地ではその後、前期中葉から末葉にかけて、堂ヶ作山古墳（80m）、会津大塚山古墳（114m）、青津亀ヶ森古墳（126m）などの東日本屈指の巨大前方後円墳が連続的に造営されます。1964年に東北大学の会津大塚山古墳の発掘調査で発見された三角縁神獣鏡を始めとする豊かな副葬品は、巨大前方後円墳の整った外形にふさわしい豊かな内容で、東北の古墳文化のイメージを覆すものでした。

このような巨大前方後円墳に葬られたのは、ヤマト中枢部から派遣された皇族将軍と呼ばれるような大首長であった可能性があります。会津盆地の前期古墳の分布には西北部の坂下地区(1)、東部の塩川地区(2)、南部の会津若松地区(3)の3ヵ所の中心地があり、(1)では前方後方墳と前方後円墳が混在、(2)では前方後方墳が主体的、(3)は前方後円墳が主体的で、二系統の首長の棲み分けの状況がうかがえます。前期中葉以降、連続的に造られる巨大前方後円墳は、盆地内で中小の前方後円墳や前方後方墳を造営していた中小の首長を統合し、ヤマト政権による直轄地的な一円支配を実現した大首長の系譜を示すと考えられます。

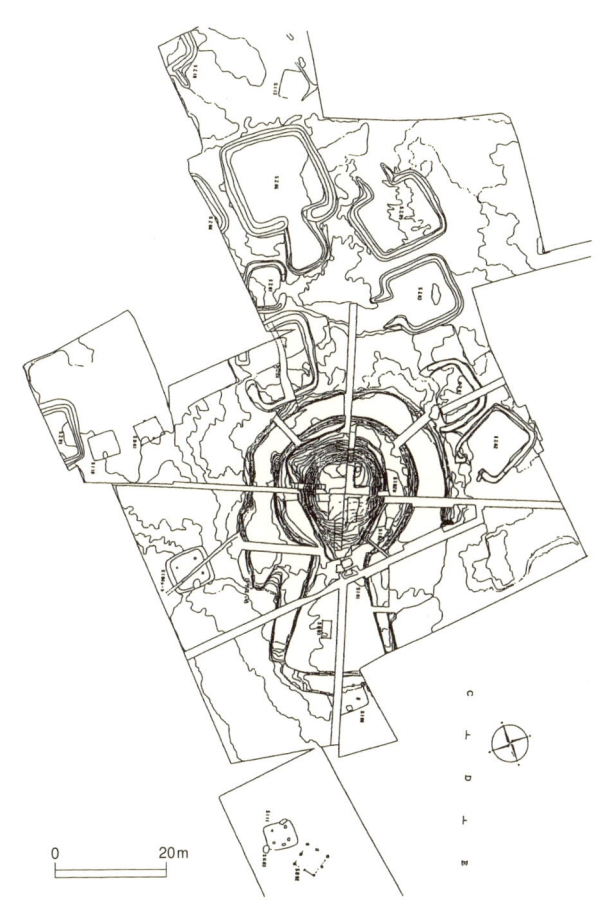

図75 杵ヶ森古墳と稲荷塚遺跡（吉田博行『杵ガ森古墳』
会津坂下町教育委員会より）

会津進出の丘站基地新潟平野

　越後平野では、本格的な前方後方墳は前期中葉の旧巻町山谷古墳だけ
で、以後の首長墓は前方後円墳か円墳の形をとります。なかんずく円墳

系首長墓が主流となります（表2）。このことは弥生後期以来強かった北陸の影響が排除され、ヤマト政権の直轄地的な地域になったことを示すと思われます。

三条市保内三王山11号墳は径20m前後の小規模な円墳ですが、良質な小型鏡と多数の管玉・ガラス丸玉、鉄剣、短冊形鉄斧などが副葬されていました（図76）。棺も縄掛突起付の組合わせ式木棺で、立派なものでした。これと較べて山谷古墳（37m）の副葬品は若干の玉類とノミ形の鉄器1本だけで、鏡も鉄製武器もない誠に簡素なものでした（図77）。一方、旧巻町竹野の前方後円墳菖蒲塚古墳（53m）からは、全体は不明ですが三王山古墳の鏡の2倍の面径をもつ大形鏡やヒスイの勾玉などデラックスな副葬品が出土しています（図78）。三王山11号墳と菖蒲塚古墳の首長はヤマト政権から恩賞として鏡などの配布を受けられる地位にありましたが、両者のランクの差により配布される鏡の面径にも差がつけられたことがわかります。前方後方墳の山谷古墳の首長は前方後円墳のシンボルとする北陸の大首長の傘下にあって、直接ヤマト政権と接触することがないため、鏡の配布を受けるチャンスがなかったのではな

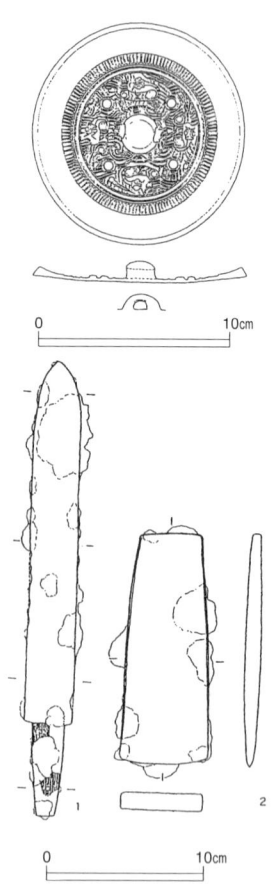

図76 三王山11号墳の副葬品
（新潟大学考古学研究室『保内三王山古墳群』三条市教育委員会より）

第4章 越後・会津の情勢 133

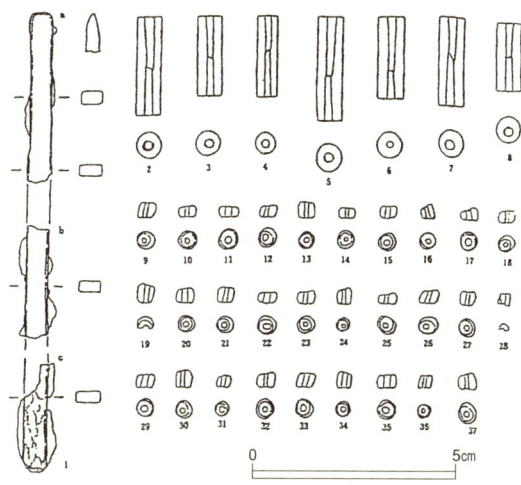

図77 山谷古墳の副葬品の副葬品（新潟大学考古学研究室『越後山谷古墳』巻町教育委員会より）

いでしょうか。

　越後平野では前期のある時期から円墳が主流となり、越後最大の古墳古津八幡山古墳も大型円墳です（図79）。信濃川の河口部にある緒立八幡宮古墳、信濃川と阿賀野川の下流部を両睨みにする山頂に営まれた古津八幡山古墳、信濃川本流を見晴らすとともに会津の只見川水系に越える山道の起点となる丘陵上に連鎖的に分布する三王山11号墳など一連の山頂古墳、日本海側の北限の古墳となった胎内市城の山古墳（旧中条町）など、日本海沿岸部と東北の内陸部への交通路の起点となる戦略上の要地に分布する古墳がすべて円墳です。

　有力な円墳が目につくようになるのは前期・中・後葉で、畿内では大和盆地北部の王陵群佐紀古墳群の巨大前方後円墳の周辺に現れます。これらは大王の統治を輔ける新興の官僚的首長の古墳と考えられます。さらにヤマト政権は全国支配を強化するうえで重要な戦略拠点に王権に忠

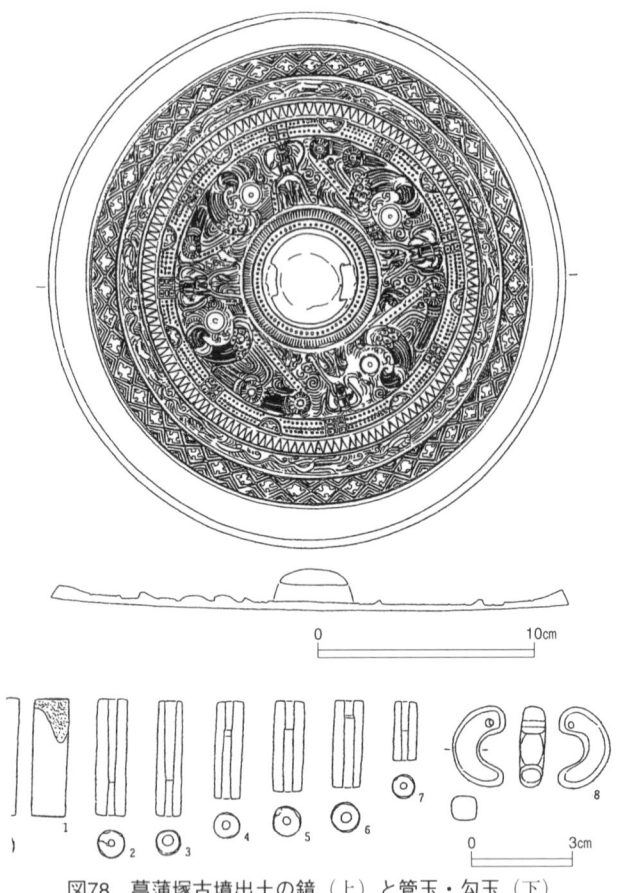

図78　菖蒲塚古墳出土の鏡（上）と管玉・勾玉（下）
（巻町史　資料編1』巻町より）

実な円墳系首長を配置して、威令の浸透を図ったものと思われます。あまりよい喩えではないかもしれませんが、徳川幕藩体制にあてはめれば前方後円墳は親藩、前方後方墳は外様、円墳は譜代・旗本にそれぞれ似たところがあります。

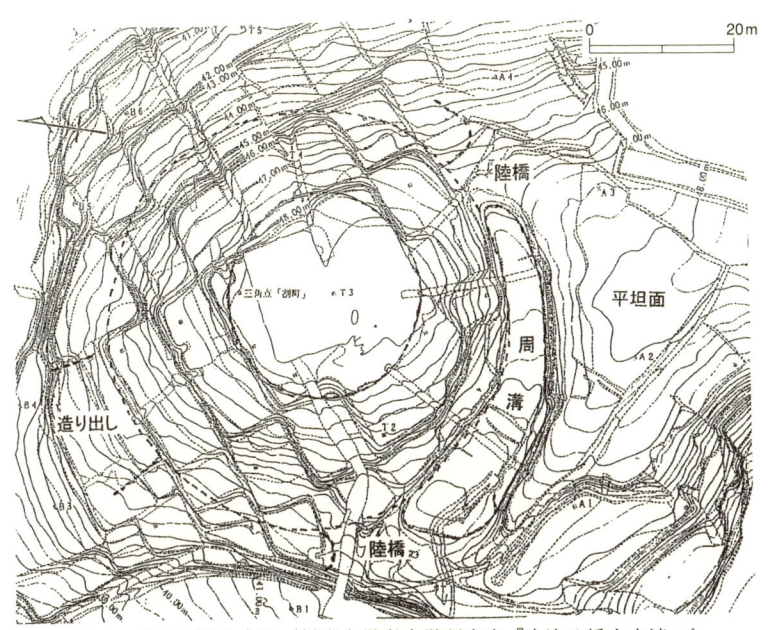

図79 古津八幡山古墳（新潟大学考古学研究室『古津八幡山古墳1』
新津市教育委員会より）

　越後平野の前期古墳の分布域と弥生高地性集落の分布域がほぼ一致するところを見ると、古墳造営の主体は高地性集落を造った集団の子孫と考えられます。系譜的に北陸から移住定着した集団が中心ですが、当初混在していた東北系との混血も進んでいたと思われます。ヤマト政権はそうした地域の集団を直属民に再編し、その統括者として円墳系首長を任命したと考えられます。円墳系首長に対するヤマト政権からのテコ入れは、先に紹介した三王山11号墳の小規な外形にしては意外に豊かな副葬品からもうかがうことができます。また越後1の規模を誇る古津八幡山古墳の造営は、ヤマト王権の代理人としての勢威を示したものといえるでしょう。

会津盆地を開発し、東北支配の一大拠点とすることは初期ヤマト政権の北方政策の最重要な課題でした。ヤマト政権はそのために、人口が多く先進的な開発技術の蓄積があり、歴史的には東の越の連合の盟主であった能登地方の勢力を会津開発の先遣部隊として入植させたと思われます。七尾湾岸の古墳時代初頭の大規模な倉庫群が発見された万行遺跡は、能登勢力の東北進出ルートの起点となった中心的な港湾施設ではないでしょうか。北陸系の移民を主体とする開発が進展した前期中葉以降、ヤマト政権中枢が直接介入に乗り出し、中小の前方後墳を造営していた北陸系の首長を支配下に組み込んだり排除したりして、会津盆地の直営的拠点化に成功し、会津大塚山古墳、青津亀ヶ森古墳のようなヤマト系の巨大前方後円墳が造営された、というストーリーを描くことができます。

　以上のようなヤマト政権の北方戦略の中で、越後平野は能登からの海上ルートの着岸地点であるとともに、阿賀野川の水路および八十里越、六十里越と呼ばれるような山越えのルートによって日本海と会津を結ぶ交通拠点でした。これらのルートによって、会津盆地と越後平野の間では弥生時代以来、活溌な交流が行われていました。しかし山高く谷深いこれらのルートはけっして楽なものではなく、能登勢力にしてもヤマト政権にしても、越後平野の山の民・河の民を配下にもつ地元の首長の協力なしに会津盆地の開発を支える人員・物資を輸送することは不可能でした。阿賀野川ルートは大形の川船によって大量輸送ができるもっとも重要なルートですが、操船には専門的な技術が必要ですし、曳船のために適宜人員を徴発するシステムも必要です。初期ヤマト政権の北方戦略において越後平野の勢力に期待されたのは、能登勢力を先遣隊として進められる会津盆地の開発をバックアップする兵站・輸送基地の役割であったと思われます。

第4章 越後・会津の情勢 137

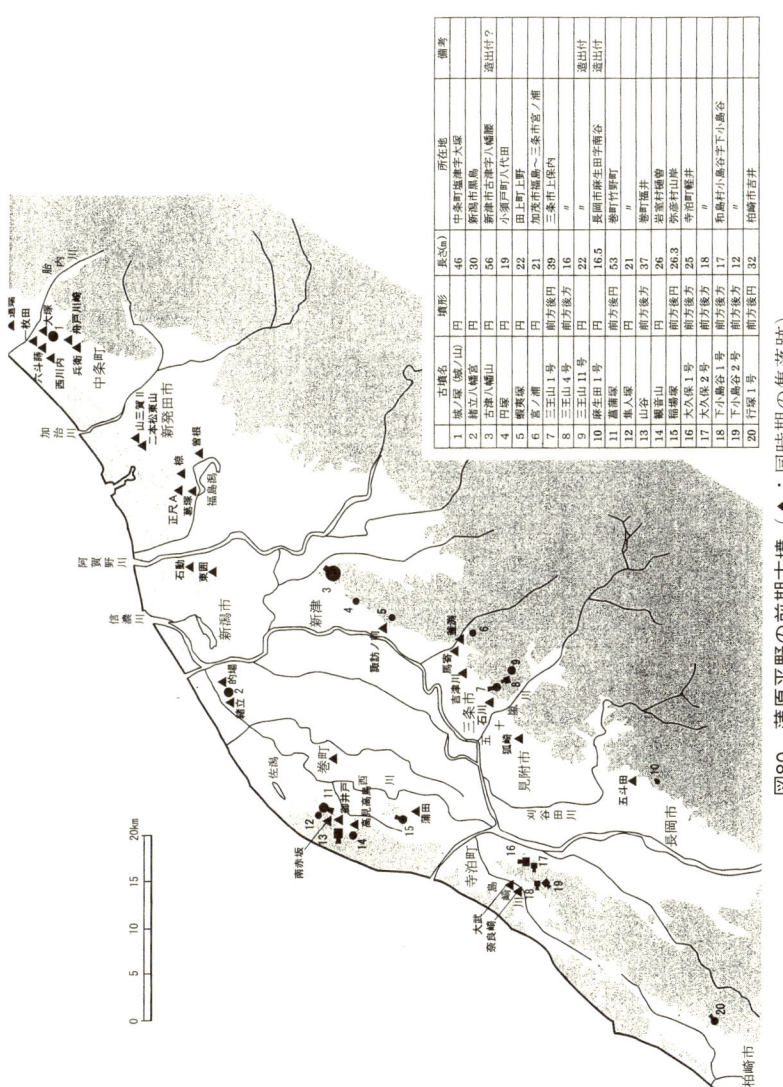

	古墳名	墳形	長(%)(m)	所在地	備考
1	城ノ塚(城ノ山)	円	46	中条町塩津字大塚	
2	渚立八幡宮	円	30	新潟市松島	
3	古津八幡山	円	56	新津市古津字八幡原	遠出付
4	円塚	円	19	小須戸町八兵田	
5	蝦夷塚	円	22	田上町上野	
6	宮ノ浦	前方後円	21	加茂市葭島～三条市宮ノ浦	
7	三王山1号	前方後方	39	三条市上保内	
8	三王山4号	円	16	〃	
9	三王山11号	円	22	〃	
10	籠生田1号	南方後方	16.5	長岡市籠生田字南谷	遠出付
11	菖蒲塚	前方後円	53	巻町竹野町	遠出付
12	隼人塚	円	21	〃	
13	山谷	前方後方	37	巻町福井	
14	観音山	前方後方	26.3	岩室村樋曽	
15	稲場塚	前方後方	25	弥彦村字山岸	
16	大久保1号	前方後方	18	寺泊町竪井	
17	大久保2号	円	17	〃	
18	下小島谷1号	前方後方	12	和島村小島谷字下ノ島谷	
19	下小島谷2号	前方後方		〃	
20	行峯1号	南方後円	32	柏崎市吉井	

図80 蒲原平野の前期古墳（▲：同時期の集落跡）

越後平野の交通の要衝にヤマト政権に忠実な円墳系首長墳が配置されているのは、そのためだったと思われます。それとともに越後の円墳系首長墳の展開は能登の本国と、会津のコロニーを分断する布石となっていて、能登勢力の反抗を抑止する役割をも担っていたのではないでしょうか。

北海道系文化との交流

古墳時代前期の越後の戦略的な価値を加えるものとして、北海道系文化との交流があります。稲作農業が不可能であった北海道南部では、本土の弥生時代・古墳時代に併行して、縄文文化の伝統を引き継いだ狩猟・漁撈・採集を生業とする「続縄文土器文化」が続いていました。この文化は、弥生時代後期から古墳時代前期にかけて東北地方から越後にまで南下します。続縄文土器の分布の南限は上越市馬場上遺跡にまで及びますが、阿賀北地域での発見例が近年とくに増加しています。一般に1遺跡から発見される続縄文土器は限られており、北海道南部や東北北部から日本海の海路によって短期間越後の村を訪れ交易を行ったのだと思われます。北海道系の人々が求めたのは鉄器であり、その見返りは毛皮と革製品だったと考えられています。古墳時代前期になると、新潟市巻町南赤坂遺跡のような地元の集落の一部に、北海道系の人々の居住区と墓地からなる小規模なコロニーが営まれる事例も現れます。墓地と思われる施設は、東にピラミッド形の弥彦山を望む尾根の西南側面を削った上下2段のテラスで、上段中央に掘立の上屋で覆われた一対の墓坑があります。また上段テラスの南東の裾には多数の墓坑が重なり合っています。広い下段テラスでは、中央の掘立の方形建物を囲むように大小の墓坑が配置されています。これを見ると、北方民族の一定の階層性をもつ社会組織と固有の習俗が、そのままの形で移植されたことがわかりま

す。

　上記のテラスからは玉作り関連の遺物、皮の加工に用いられたと思われる打製石器が多数発見されていて、テラスが作業場でもあったことを示しています。古墳時代の本遺跡の主体をなす土器は古墳文化の土師器ですが、原産地からもたらされた続縄文土器と、土師器と続縄文との折衷様式が認められ、両文化との密接な交流がうかがえます。

　南赤坂遺跡は菖蒲塚古墳の西0.8km、山谷古墳の東北1.2kmにあり、まさに越後平野の古墳文化の最重要の拠点地域のただ中に位置しています。東日本の古墳出現期に関する日本考古学協会共通編年（新潟シンポ編年）によると山谷古墳は8期（4世紀中葉）、菖蒲塚古墳は9期（4世紀後葉）にあたりますが、南赤坂遺跡で続縄文土器に共伴する土師器の年代もちょうど8期、9期の2時期です。続縄文のコロニーの形成に山谷古墳と菖蒲塚古墳の首長が深くかかわっていたことは疑いありません。おそらく角田山麓の首長は北海道系の小集団を誘致し保護を加えたのではないでしょうか。前に述べたように、弥生後期には東北南半部を中心とする天王山式系の人々の活発な交易活動がありました。この場合は越後を出発点として日本海を渡り、能登を中心とする北陸中央部を目的地とするものでした。それに対して続縄文文化の南下は越後止まりで北陸にはおよびません。越後に対する鉄の供給が従来の山陰経由に畿内経由のルートが加わり、北方世界への供給基地としての越後の立場はヤマト政権の梃子入れもあって強化されれたと思われます。北海道系の交易民も越後まで行けば用が足りたのでしょう。地の利を生かして北方からの物・人・情報の流れを独占的に掌握した蒲原の首長は、ヤマト政権の中で特異な地位を占めていたと思われます。

参 考 文 献

第1章

渡辺貞幸ほか「第7回神在月古代文化シンポジウム『弥生王墓誕生』」『しまねの古代文化』第15号、2008

島根県立古代出雲歴史博物館『弥生王墓誕生』2007年

渡辺貞幸「弥生の地域文化」『季刊考古学』第100号、2007年

渡辺貞幸ほか『出雲の考古学と「出雲国風土記」』学生社、2006年

渡辺貞幸ほか『出雲と石見銀山街道』(街道の日本史38) 吉川弘文館、2005年

第2章

加藤和義『北陸の古墳』1966年

石部正志編『若狭大飯』福井県大飯町、1966年

㈶京都府埋蔵文化財研究センター『京都・古代との出会い』1990年

京都府立丹後郷土資料館『丹後発掘』1999年

大阪府立弥生文化博物館『青いガラスの燦き―丹後王国が見えてきた―』2002年

嶺南地方の考古学を学ぶ会編『嶺南地方の考古学』2002年

若狭三方縄文博物館『若狭御食国の祖たち―三方・上中地域首長墓のすがた―』2006年

第3章

近藤義郎ほか『前方後円墳集成(中部編)』山川出版社、1992年

石川県立埋蔵文化財センター『吉崎・次場遺跡』1996年

かほく市教育委員会『鉢伏茶臼山遺跡(Ⅱ)』2006年

小松市教育委員会『八日市地方遺跡(Ⅲ)(Ⅳ)』2008年

第4章

甘粕健・春日真実編『東日本の古墳の出現』山川出版社、1994年

川村浩司「越の土器と古墳の展開」(小林昌二編『越と古代の北陸』古代王権と交流3) 名著出版、1996年

甘粕健編『裏山遺跡と倭国大乱』新潟日報事業社、2001年

辻秀人『ふくしまの古墳時代』歴史春秋社、2003年

広井造「越後古墳時代の動向」(小林昌二編『古代の越後と佐渡』) 高志書院、2005年

辻秀人『東北古墳研究の原点　会津大塚山古墳』(シリーズ遺跡を学ぶ029) 新泉社、2006年

■執筆者紹介■ （執筆順）

渡辺　貞幸（わたなべ・さだゆき）

1945年、東京都生まれ。

現在、島根大学法文学部教授。

主要著作：『図説発掘が語る日本史』5（共著）新人物往来社、1986年。『出雲世界と古代の山陰』（共著）、名著出版、1995年。『島根県の歴史』（共著）山川出版社、2005年。

石部　正志（いしべ・まさし）

1931年、大阪府生まれ。

宇都宮大学国際学部教授、市立五條文化博物館長を経て、現在、文化財保存全国協議会(文全協)常任委員。

主要著作：『若狭大飯』福井県大飯町、1996年。『考古学万華鏡』新日本出版社、2004年。『新版 遺跡保存の事典』（共著）平凡社、2006年。

橋本　澄夫（はしもと・すみお）

1933年、石川県生まれ。

石川県立埋蔵文化財センター所長を経て、現在、金沢学院大学名誉教授・石川考古学研究会会長。

主要著作：『石川県の歴史』（共著）北国出版社、1970年。『北陸の古代史』北陸中日新聞社、1970年。『日本の古代遺跡43 石川』保育社、1990年。『ドライブ紀行 いしかわ遺跡めぐり（能登編・金沢編・加賀編）北国新聞社、1990・1993・1998年

甘粕　健（あまかす・けん）

1930年、静岡県生まれ。

新潟大学人文学部教授を経て、現在、新潟市歴史博物館館長。

主要著作：『日本歴史大系1 原始古代』（共著）山川出版社、1984年。『図説新潟県の歴史』（共著）三省堂、1998年。『前方後円墳の研究』同成社、2004年。

市民の考古学⑤
倭国大乱と日本海
（わこくたいらん）（にほんかい）

2008年10月15日発行

編　者　甘　粕　　　健
発行者　山　脇　洋　亮
印　刷　㈱深高社
　　　　モリモト印刷㈱

発行所　東京都千代田区飯田橋　㈱同　成　社
　　　　4-4-8 東京中央ビル内
　　　　TEL 03-3239-1467　振替 00140-0-20618

ⒸAmakasu Ken 2008. Printed in Japan
ISBN978-4-88621-454-6 C1321

> # 市民の考古学 シリーズ

①巻　ごはんとパンの考古学
藤本　強著　　　　　　　　　　　　　四六判・194頁・定価1890円
【目次】ごはんとパン／ごはんのはじまり／ごはんの広がり／日本列島とごはん／パンの起源／パンの広がり／世界の食文化

②巻　都市と都城
藤本　強著　　　　　　　　　　　　　四六判・194頁・定価1890円
【目次】都市と都城／都市のはじまり／都市社会のひろがり／ローマ帝国の都市／中国の都城／日本の都城と都市

③巻　ホモ・サピエンスの誕生
河合信和著　　　　　　　　　　　　　四六判・210頁・定価1995円
【目次】最古の人類はどこ？／その後の猿人とホモ属／末期ネアンデルタール人の選んだ途／小さな脳の人類がもたらした大きな衝撃／ほか

④巻　考古学でつづる日本史
藤本　強著　　　　　　　　　　　　　四六判・192頁・定価1890円
【目次】日本列島の風土／移動する生活／定住する暮らし／稲作農耕の開始／統一国家の出現／新しい学問の誕生／列島の北と南／ほか

⑤巻　倭国大乱と日本海
甘粕　健編　　　　　　　　　　　　　四六判・184頁・定価1575円
【目次】四隅突出型墳丘墓と出雲世界／弥生・古墳時代前期の丹後地方／弥生・古墳時代前期の越前・越中／越後・会津の情勢

⑥巻　考古学でつづる世界史
藤本　強著　　　　　　　　　　　　　四六判・184頁・定価1890円
【目次】世界の自然と人々の暮らし／狩と採集、移動する暮らし／農耕を基にしたムラの暮らし／都市と都城の暮らしと帝国の出現／ほか